性格心理学

洞察人性 重塑性格 掌控全局

Character
pychology

李娟娟（知名心理作家）／ 著

京师博仁（专业心理机构）／ 组编

台海出版社

图书在版编目（CIP）数据

性格心理学 / 李娟娟著 . -- 北京：台海出版社，
2018.10（2022.12 重印）

ISBN 978-7-5168-2126-8

Ⅰ . ①性… Ⅱ . ①李… Ⅲ . ①个性心理学—通俗读物
Ⅳ . ① B848-49

中国版本图书馆 CIP 数据核字（2018）第 219834 号

性格心理学

著　　者：李娟娟

责任编辑：高惠娟　赵旭雯
责任印制：蔡　旭

出版发行：台海出版社
地　　址：北京市东城区景山东街 20 号　邮政编码：100009
电　　话：010 — 64041652（发行，邮购）
传　　真：010 — 84045799（总编室）
网　　址：www.taimeng.org.cn/thcbs/default.htm
E - mail：thcbs@126.com

印　　刷：三河市嘉科万达彩色印刷有限公司
开　　本：710 毫米 ×1000 毫米　1/16
字　　数：177 千字
印　　张：13.5
版　　次：2019 年 1 月第 1 版
印　　次：2022 年 12 月第 5 次印刷
书　　号：ISBN 978-7-5168-2126-8
定　　价：49.80 元

前　言

　　"性格决定命运"，能否拥有幸福人生的决定性因素不是知识、能力这些精神财富，也不是物质财富，而是积极、健康的性格。一个乐观开朗、宽容大度的人，无论面对怎样的境遇，都能拥有幸福的人生。但性格究竟是什么？哪些因素影响了一个人性格的形成？面对自身性格上的缺陷，我们又能做些什么？对于这个耳熟能详又不甚了了的概念，我们还有许多未知的领域需要探索，有很多空白需要填补。而这本《性格心理学》就是作者为此精心撰写的心理学普及读物。

　　先天遗传还是后天环境决定了我们的性格？

　　"气质"是个什么东西，对我们的性格有着怎样的影响？

　　你是容易型气质、困难型气质还是慢热型气质？

　　大脑损伤会改变我们的性格吗？

　　创伤性经历会扭曲我们的性格吗？

　　孩子与养育者之间的依恋关系如何塑造他的性格？

　　同伴关系对性格的形成发挥着怎样的作用？

　　家庭小环境和社会大环境在性格的养成中扮演着怎样的角色？

　　如今广泛流传的九型人格又是怎么一回事儿？

　　这些都是有关性格的心理学问题，作者在书中一一涉猎，并给出深入浅出的解答，一个个鲜活贴切的案例有助于我们对性格这个与每个人息息相关的问题产生直观的认识。作者依据权威的心理学理论和科学的心理学实验对性格进行了全方位、多角度的剖析和诠释。如果您想一睹"性格"的真面目，了解自己的"真性格"，不妨翻开这本书。

目　录

第一章

将性格分类——九型人格

　　天才与疯子之间往往是一线之隔，探索者常常会走向两个极端，即天才和疯子。对于天才而言，他们的想法虽然不被常人所理解，但他们的想法并不脱离实际，不会将自己的想法强加在现实上，因此天才能正确地理解现实，甚至会发现新的现实模式。但对于疯子来说，他们始终活在自己幻想的世界中，会把自己脑海中的模式强加在现实上，疯子往往会与现实世界脱离。

追求百分之百的正确——完美者

法国著名雕塑家罗丹是一个完美主义者，在进行雕塑工作的时候他追求百分之百的完美。一天，罗丹邀请好朋友奥地利作家茨威格到他家中做客。两人边吃饭边交流文学和雕塑这两种艺术，他们都十分高兴。吃完饭后，罗丹便邀请茨威格到他的工作室参观，他所创作的雕塑都是在这个工作室内完成的。

在工作室内有许多雕塑，有完整的，也有许多雕塑小样，例如一只胳膊、一只手等。桌子上还搁置着许多草图。茨威格边看边感叹罗丹的勤奋，就在这时罗丹突然掀开了一块湿布，下面是一座女性正面雕像，罗丹对茨威格说："这是我最近刚刚完成的一件作品。"茨威格随口问道："这是一件成品吗？"

罗丹没有立刻回答，而是仔细端详着这尊雕塑，然后皱着眉头说："不！还有许多毛病，左肩有点儿偏斜了，脸上也有毛病。对不起，你得等我一会儿。"说着，罗丹就拿起了刮刀、木刀片开始轻轻划过软软的黏土。茨威格没有打扰罗丹，就静静地站在他的身后，眼看着一块块黏土掉落，雕塑在罗丹的手中变得越来越生动，好像被赋予了生命力。在茨威格看来，这尊雕塑已经够完美了，但罗丹并不满意，嘴里不停地嘟哝着："还有那里……还有那里……"罗丹将台架转过来，又修改了一下。但罗丹还是双眉紧蹙，突然他似乎想到了什么，捏好小块的黏土，粘在雕塑身上，又刮开了一些。

此时的罗丹已经完全沉浸在了创作之中，丝毫没有注意到时间的流逝，好像把请来的客人茨威格都给忘记了，没有再跟茨威格说过一句话。在罗丹的眼中，整个世界好像都不存在了，他的眼中只剩下了眼前未完成的雕塑。

过了很长时间，罗丹才放下了刮刀，并长舒一口气，最后像一个多情的男子将披肩披到他的情人肩上那样，十分温柔地将湿布蒙在了女性雕像上。最后罗丹直接朝门外走，快走到门口的时候，突然发现了茨威格，此时他才想起来茨威格这个朋友，立刻为自己的失礼道歉："实在对不起，茨威格，我刚才完全把你忘记了。"茨威格毫不在意，他十分钦佩罗丹的工作热情。

完美者有着强烈的是非感，极其强调原则，注重个人修养，对自身严格要求，即使是很小的错误也能注意到，并且努力进行改正。

完美者都是奉行完美主义的人，他们不会满意现状，会要求自己和他人追求完美，甚至会认为督促他人追求完美是自己义不容辞的责任。完美者不允许出现错误，所有的一切必须是百分之百地正确，每当别人出现错误时，哪怕只是一点儿小错误，完美者都会指出来，并要求对方改正。当然完美者也会严格要求自己，喜欢进行自我批评，会严格按照自己理想中的蓝图去做。

亨利是一所中学的老师，专门教授希腊语。亨利是个追求完美的人，其他老师和教育部门都不喜欢与亨利打交道。在教育上，亨利有自己的理想，不管遇到多大的困难，他都会去追求自己的理想，不会向困难妥协。

做亨利的学生并不好受，他是个要求十分严格的老师，学生必须得达到亨利的要求，即百分之百的正确。如果学生犯错误，亨利就会毫不客气地进行惩罚。

在第一天上课前，亨利对学生们说："我不是一个轻易满足的人，我不喜欢好的学生，只喜欢特别优秀的学生；我不喜欢较好的译文，只喜欢最正确的译文。你们每天的学习成绩必须得达到最优，发音必须得达到最准确，翻译必须得达到最佳。如果你们出现错误，那我就会毫不留情地惩罚你们。有谁弄错了一个词，那他就要在黑板上写上 10 遍这个词的正确写法。如果再犯下类似的错误，那就写上 100 遍。"

亨利在批改学生的作业和卷子时，态度也十分认真、严苛，他会揪出错误的地方，然后写上十分不客气的评语。亨利每天都坚持这样做，从来不懈怠。

在学习《荷马史诗》时，亨利要求所有的学生每天都要背下 5 行，而且必须准确无误。为此，学生们不得不每天早晨早点儿起床，然后开始背诵亨利交代的课文。在课堂上，如果有学生出现了发音上的错误，那么亨利就会让所有学生从头开始。

这样的课业任务给许多学生带来了巨大的压力，不少学生在学习时都很吃力，十分厌烦背诵整部作品。面对学生们的抵触情绪，亨利不仅没有放弃，还逼迫学生坚持下去，直到学生完成了他所规定的任务。

亨利很少会夸奖学生，在他看来绝大多数学生还是没有达到他所规定的完美目标，学生们在追求完美的道路上还得继续前行。

完美者希望自己能做好一切，因此会为自己设下追求极致的目标，当出现小错误时，完美者就会立刻注意到，开始把所有注意力都集中在改正错误上。完美者通常会把工作当成一项事业去完成，他们会从工作中体会到成就感和满足感。如果他们认为自己的工作达到了完美的状态，那么他们就会充满了成就感，整个人都会变得快乐起来。

完美者不仅要求自己达到完美，还会将这种要求强加在别人身上，让他人完全按照自己的要求去做，也成为一个完美的人。因此当别人出现错误时，完美者会敏锐地察觉到，并且去纠正，然后督促对方改正错误。

如果完美者与完美者相遇，那么他们就会十分欣赏对方，会在对方改正错误的时候伸出援助之手，对对方表现出足够的耐心，甚至会钦佩对方为追求完美而付出的努力。

并不是所有人都像完美者一样，追求达到极致的完美，许多人会觉得完美者未免有些吹毛求疵，这样会激怒完美者。完美者会觉得这些人得过且过，根本没有责任心，于是完美者就会变得十分苦恼。

对于一些人而言，完美主义者追求完美的态度甚至有些病态，因为完美者总是在意那一点小小的错误，有时这种错误甚至是不可避免的，但完美主义者却紧抓着不放。

完美者虽然能从工作中获得成就感，但也会使自己陷入压力之中。在完美者看来，完美是一种目标，只要通过努力就能达到。但现实却是，即使已经尽全力了，还是无法达到完美的状态。这时，完美者就会变得愤怒起来，每天都会生活在自我批评的焦虑之中。不少完美者会将所有的错误都推卸到他人身上，这样就能摆脱自认为干扰了自己的东西，于是完美者就开始针对周围的人，开始挑别人的毛病，认为自己没有出错，都是别人出错才导致了不完美的局面，好像自己所掌握的就是真理，其他人都是错误的。

有时候，完美主义者并不会轻易表达自己的愤怒和不满，在他们看来这些是坏情绪，但是他们却会表现得焦虑和紧张，会给周围人带来压抑。周围人甚至会觉得完美者将愤怒发泄出来更好一些。

完美者由于对自己有着超高的要求，因此会给自己带来很大的压力，每天都在为目标而努力，时间好像总是不够用一样，很难使自己放松下来。

为他人服务——助人者

梅兰妮·汉密尔顿是小说《飘》中的一个女性角色，具有典型的助人者性格特点，她拥有许多女性的优良品质，例如温柔善良、宽厚待人、随时都能给予他人帮助，与女主角斯嘉丽·奥哈拉形成了鲜明的对比。

阿希礼·威尔克斯的绅士风度与英俊的外表轻易俘获了斯嘉丽的芳心，但阿希礼却与梅兰妮订婚了，这让斯嘉丽备受打击。斯嘉丽既漂亮又迷人，永远都是舞会上的焦点人物，她也很喜欢参加舞会和郊游之类的活动，因为这样能满足她的虚荣心。而梅兰妮的长相很普通，在斯嘉丽看来，梅兰妮根本配不上阿希礼，于是她就说服阿希礼与她一起私奔，被阿希礼婉言拒绝了，斯嘉丽的女性魅力一下子就被否定了，气急败坏的斯嘉丽给了阿希礼一记耳光。

斯嘉丽为了挽回面子，就赌气似的突然决定与查尔斯结婚，她觉得这样做可以刺激一下阿希礼和自己的追求者。于是，斯嘉丽就成了查尔斯的妻子。不久之后，南北战争爆发了，查尔斯上了前线，并死在了前方，斯嘉丽一下子变成了寡妇，但她并不伤心，甚至庆幸，这下她又恢复了自由身。

不久之后，阿希礼也上了前线。斯嘉丽难以忍受寡妇的生活，就接受了梅兰妮的邀请，到亚特兰大的查尔斯的姑姑家去生活。随着战事越来越吃紧，亚特兰大的妇女们全部被动员起来，梅兰妮报名成为医务人员，照顾从前线运回来的伤病员，还会参与为南方邦联军队缝制军需品的活动。

南方联军在前线连连败退，甚至连南方邦联的首府亚特兰大也守不住了，于是查尔斯的姑姑准备与人们一起离开亚特兰大。斯嘉丽则准备回家，因为她接到了父亲的信，父亲告诉她母亲和妹妹们都得了重病。可此时的梅兰妮已经快要临盆了，梅兰妮不能离开亚特兰大，斯嘉丽只好选择留在梅兰妮的身边照顾她，因为她不想辜负阿希礼的嘱托。

战乱期间，所有的秩序都不存在了，斯嘉丽和梅兰妮只能相依为命。一天晚上，一个强盗闯入了家中，斯嘉丽在自保的情况下杀死了这名强盗。这对于从来没杀过人的斯嘉丽来说是个不小的刺激，梅兰妮却显得很镇定，她不停地安慰斯嘉丽，告诉她这么做是对的。

战争结束后，阿希礼回来了，斯嘉丽开始在他人的帮助下做生意赚钱。阿希礼和梅兰妮在参加完斯嘉丽父亲的葬礼后回到了亚特兰大，在当地，善良正直的梅兰妮很受欢迎，妇女们都非常尊重她。

后来，斯嘉丽不顾众人反对执意与瑞德·巴特勒结婚，瑞德是一个很会赚钱的商人，甚至在战乱时也会想方设法地大发国难财。虽然斯嘉丽很爱瑞德，但她却依旧对阿希礼念念不忘。

在阿希礼过生日的那天下午，斯嘉丽和阿希礼相谈甚欢，他们都很怀念战争发生前的生活。这件事情被瑞德和梅兰妮知道后，瑞德带着女儿离开了，梅兰妮不仅没有生气，反而在斯嘉丽认错的时候安慰斯嘉丽，她对斯嘉丽说，斯嘉丽是她最亲的亲人。梅兰妮还在大家面前维护斯嘉丽，让大家相信斯嘉丽。

不久之后，瑞德回来了，斯嘉丽此时又怀孕了，她很想将这个好消息告诉瑞德，于是就特意站在楼梯口迎接瑞德，却看到瑞德一副冷嘲热讽的表情，斯嘉丽就与瑞德发生了争吵，结果不小心从楼梯上摔了下来，最终导致了流产。瑞德因此十分愧疚。梅兰妮得知斯嘉丽流产的消息后，就专程来照顾她，并且安慰和鼓励瑞德。

梅兰妮的健康状况一直很糟糕，她的身体早就不适合怀孕了，但梅兰妮却不听劝告再次怀孕。怀孕让梅兰妮的健康迅速恶化，已经危及了她的生命。临终前，梅兰妮将阿希礼托付给了斯嘉丽。

梅兰妮的死给阿希礼和斯嘉丽带来了很大的打击。阿希礼好像失去了主心骨一样。斯嘉丽则突然意识到，梅兰妮不是她的情敌，而是她的亲人，一直在保护着她，是她的精神支柱。

梅兰妮的性格特点是典型的助人者，她富有同情心，总是能在别人需要帮助的时候伸出援助之手，并且能全心全意地为他人付出。在他人看来，助人者总是无私地为他人考虑，人们能真切地从他那里感受到关爱。

梅兰妮死后，阿希礼和斯嘉丽都十分痛苦，这是因为助人者是不可或缺的人，当然助人者也想成为这样的人。助人者从很小的时候起就表现出了利他的一面，他会想尽办法让对方感到愉快。在助人者看来，能为他人提供帮助自己就会很快乐，因为这样才能感觉到自己被需要。助人者从帮助他人的过程中获得满足，并且想继续下去。

表面上看，助人者好像一直在关爱他人，一直不停地奉献着自己的爱。但在助人者的内心深处，他们却十分渴望爱，他们希望通过给他人关爱的方式来获得回报。助人者总想成为别人需要的人，在帮助别人的时候，希望对方将自己看成朋友，事事与他分享，所以常常会以爱的名义介入他人的生活中，内心具有一定的占有欲。如果别人对助人者的帮助无动于衷，那么助人者就会很失望，会觉得自己不再被需要，甚至会产生被背叛的感觉。对于助人者而言，牺牲自己以成全别人能给他带来自我满足感。

在极端情况下，助人者可能会变成令人倍感压力的情感勒索者。当助人者发现不论自己如何付出都得不到回报时，就会产生一种局外人的感受，会产生一种"我付出了这么多，你怎么能这样对我"的心理，助人者无法从中获得自我满足，于是就开始变得警惕起来，消极情绪也越来越多。渐渐地，助人者就会用各种方式去笼络感情，并借此要挟、操控别人，让别人产生愧疚之感。

助人者从来不会主动表达自己需要什么，因为他们总是站在对方的角度去考虑问题并随时为对方提供帮助，因此很少有人会注意到助人者的需求。有的人在与助人者交往的时候，很容易产生愧疚感，会觉得助人者帮助了自己，自己却无以为报。

助人者只是九种性格中的一种，但会让许多人产生一种错觉，即认为自己就是助人者，毕竟在工作和生活中为他人提供帮助是每个人力所能及的。但助人者为他人提供帮助的动机与其他性格是不一样的，助人者希望在为他人提供帮助的同时能与他人建立起感情上的联系，他们会为了良好的人际关系而甘愿迁就别人，当他们觉得自己被需要时就会很满足。因此助人者十分在意别人的感受和需求，也能敏锐地感受到别人的需要，当别人接受助人者的帮助时，助人者才能体会到自我价值感。

助人者常常会忽略自己的感受和需求，他们就好像一个变色龙一样，为了迎合他人的需求而将自己塑造成特定的样子。例如有的儿童就是助人者，他们很讨成年人喜欢，因为他们知道怎么做能让他人高兴，甚至能针对不同的成年人做出不同的表演。

人们眼中的工作狂——成就者

比尔·克林顿是美国第 42 任总统，他是个典型的成就者。克林顿于 1946 年 8 月 19 日出生于美国阿肯色州霍普市一个小店主家庭。克林顿从来没有见过自己的亲生父亲，他的亲生父亲在他出生前 3 个月就去世了。克林顿 4 岁时，他的母亲再婚了。

从小学起，克林顿就是一个品学兼优的学生，在班上的表现十分显眼，他勤奋好学、兴趣广泛、思维活跃，有很强的竞争意识，总是希望处处拔尖，在学习的时候总是处于一种争强好胜的状态。

有一次学期结束时，克林顿带回了一份成绩单。成绩单上，克林顿的各门功课都是 A，唯独"行为"一栏里却是 D。克林顿对此很不理解，他的母亲也不理解，就去找学校老师问个清楚。老师对克林顿的母亲说："他的行为本来没什么大问题，但他的反应太快了，每次都会抢着回答问题，其他的同学根本没机会回答问题，所以就在'行为'这一栏里给了一个 D 的评分，希望注意一下。"

这个 D 的评分让克林顿记住了这个教训，他开始在这方面注意自己的言行，但他争强好胜的性格却并未改变。对此，成年后的克林顿也承认了，他是个喜欢表现自己的人，小时候最大的毛病就是话太多。

争强好胜的克林顿在 1970 年成功进入耶鲁大学攻读法学博士学位。在这里，克林顿认识了希拉里，两人由同班同学发展成了恋人关系，并结为夫妇。

克林顿在获得法学博士学位后，就决定步入政坛，他将家乡阿肯色州作为自己的基地，并在 1976 年成功竞选为该州的司法部长。不久，克林顿就成功担任了阿肯色州第 40 任州长，当时的克林顿只有 32 岁，十分年轻，被新闻界称为"孩子州长"。1992 年，克林顿参加大选，最后以压倒性的胜利击败布什，成为美国第 42 任总统。

克林顿的身上有几个显著的成就者的性格特点，自信、精力旺盛、有魅力、能吸引别人的注意，并且争强好胜，常常能出类拔萃。在成就者看来，只有取得成就才能被所有人敬仰，因此成就者会为自己设置一个目标，然后会全力以赴地去实现，希望能以最快的速度去完成。克林顿的行动就十分迅速，不然也不会年仅 32 岁就成为阿肯色州的州长，还被称为"孩子州长"。

成就者喜欢将每天的时间都安排得满满的，不允许浪费一点儿时间，尤其是在追求目标的过程中。克林顿在参加连任竞选的时候，曾乘坐轿车穿越了 8 个工业州，经常会停下来发表演说。在演讲的休息时间克林顿也不忘讨好选民，会用随身携带的萨克斯管为选民们吹奏。在圣莫尼卡海滨的时候，克林顿就曾为选民吹奏了一段，当时他还顺手接过搭档保罗·贝格拉递过来的墨镜戴起来。第二天克林顿戴着宽边墨镜、吹奏萨克斯管的总统形象就出现在美国各地报刊的头版上，为他赢得了许多选民的好感。

成就者只关心结果，而不在意过程。不论在学习中还是在工作中，成就者都以成功者的形象出现。在成就者看来，学习或工作成绩十分重要，是他价值的体现，他会将所有的精力和时间都投入学习和工作之中，是许多人眼中的工作狂。

成就者不仅能轻易吸引别人的注意，还具有很大的魅力，会受到许多人的欢迎。克林顿在连任总统后不久，就与白宫实习生莫尼卡·莱温斯基传出了桃色丑闻。其实莱温斯基在与克林顿见面前，并不觉得他有什么魅力。

莱温斯基在白宫工作后不久，就听到了许多和克林顿有关的传言，这位总统喜欢拈花惹草，还很受女人欢迎，许多对克林顿心存幻想的女人常常会聚集在一起，她们会讨论白宫里什么样的女人会得到总统的青睐并成为总统的地下情妇。

对此，莱温斯基十分不理解，她只在电视上看到过克林顿，她觉得克林顿是个老男人，长了一个大大的红鼻子，还有一头乱蓬蓬的头发，她从来都不觉得克林顿有魅力，直到见到克林顿本人之后。

莱温斯基第一次见到克林顿本人后，她终于明白为什么许多女人都喜欢和崇拜克林顿，因为克林顿的身上仿佛有一种磁场，能轻易吸引别人的注意，并让人为之倾倒。

成就者十分在意自己的声望和地位，如果自己受到威胁，那么成就者就会通过谎言来掩盖自己的错误和阴暗面。被桃色丑闻缠身的克林顿曾公开表示自己与莱温斯基没有不正当的关系，在被逼急的时候，克林顿会说自己与莱温斯基没有性关系，他只是接受服务的一方，这根本算不上发生了性关系。直到后来关键的证据出现，即一件沾有克林顿精液的蓝色洋装，这是莱温斯基的纪念品，通过检验，蓝色洋装上的精液与克林顿的 DNA 符合。这下克林顿再也赖不掉了，他只能向全国发表讲话，并向所有人道歉，还得承认自己说谎了，他的确与莱温斯基有不正当的交往。

成就者十分害怕一事无成和失败，害怕被别人看低，因此会将自己看得非常重要，甚至会扭曲、夸大所取得的成就，在别人看来有一点点自恋和自我膨胀。成就者只会将自己成功的一面展示给他人，即使在面对亲朋好友时也是如此，为了保持良好的形象，甚至不惜撒谎。

在亲密关系的问题上，成就者会表现得害怕和退缩，当成就者与一个人的关系渐渐变得亲密的时候，成就者就会选择逃避的方式，因为他们害怕别人看到自己的真实面目，因此很难与人坦诚交往。

美国著名影星麦当娜·西科尼从小就发誓要统治世界，她一定要取得令人瞩目的成就。为了满足自己的野心，麦当娜利用了不少男人，只要一个男人能帮助她的事业更进一步，那她就会想办法和对方发展成恋人关系。

丹·吉尔罗伊是麦当娜的情人之一，当时麦当娜刚刚放弃当舞者的梦想，想要加入乐队，于是她就和丹成了情人，从他那里学习了一些乐器的基础知识，并懂得了如何带着乐手们唱歌，最后麦当娜抛弃了丹，开始组建自己的乐队。

麦当娜身上有一种独特的魅力，吸引着大量的追求者，因此做麦当娜的情人十分辛苦。约翰·本尼斯特是麦当娜的未婚夫，他是一位十分有影响力的DJ，麦当娜的第一张唱片就有约翰不少功劳。在订婚后不久，麦当娜就勾搭上了一个颇有影响力的主编史蒂夫·纽曼。当约翰得知麦当娜另觅新欢后，大闹了一场，麦当娜借此摆脱了约翰，与史蒂夫成了情人。当麦当娜成名后，她便向史蒂夫提出了分手。麦当娜将分手的理由说得很直白，她认为自己已经成名，能赚许多钱，而史蒂夫根本配不上她，她还直言不讳地说自己想要的只有成功和金钱。

麦当娜有着强烈的成功欲望，她无法与人建立起亲密的关系，她可以轻易地爱上一个新的男人，当双方的关系渐渐亲密起来的时候，麦当娜就会毫不犹豫地甩掉对方。麦当娜从来不会在他人面前展现出自己自卑、无助的一面，即使是情人也不会。

拒绝平庸的生活——艺术者

艺术者的性格特点中有一点十分明显，那就是性情善变、忧郁，总给人一种多愁善感的感觉。这与艺术者的童年经历是分不开的。艺术者要么在童年时曾遭受过遗弃，曾被自己视为最重要的人抛弃过；要么就是从小生活在一个充满忧郁氛围的家庭环境中，艺术者能敏感地感受到成人身上的痛苦或忧郁。不少艺术者都认为，他们的性格之所以敏感、忧郁，与童年时期的情感缺憾是分不开的。

小说《红楼梦》中的女主角林黛玉虽然没有遭受过遗弃，但早年丧母，被送到贾府养育，这在林黛玉的心里无异于被抛弃。林黛玉的父亲林如海是前科探花，后来成了巡盐御史，这在当时可是个肥差。林家不仅是书香门第，还家境富裕，林黛玉又是父母的掌上明珠，自然备受宠爱。林黛玉曾有个弟弟，但长到3岁的时候死了。这下，林黛玉就更加受到父母的宠爱，再加上林黛玉很聪明，父母就给林黛玉请了一个家庭教师贾雨村，专门教她读书习字。后来，林黛玉的母亲生病而亡，林黛玉才被送到贾府抚养。

艺术者都是浪漫主义者，对生活的追求与他人不同，渴望浪漫、艺术的生活，常常生活在幻想中，并通过想象来美化生活。艺术者会给人一种难以接近的感觉，他们喜欢说一些不开心的事情，还很容易产生妒忌之心。

有一次，薛姨妈正在和王夫人聊天，正好周瑞家的来了，薛姨妈就交给周瑞家的一匣子宫花，薛姨妈觉得这些宫花白放着可惜了，就让周瑞家的送给贾府里的姐妹们戴。薛姨妈还特意嘱咐，给三位姑娘迎春、探春、惜春各两枝，送给林姑娘两枝，送给凤姐儿四枝。王夫人还说，这些宫花留着给宝丫头戴吧。薛姨妈说，宝丫头不喜欢这些花儿粉儿的。

周瑞家的先给三位姑娘送去了，然后给凤姐儿送，最后来到了林黛玉这里，结果林黛玉不在自己房里，在贾宝玉那里玩九连环。周瑞家的进来后就对林黛玉说："林姑娘，姨太太让我给你送花儿来了。"贾宝玉一听立刻问是什么花儿，还想看看。说着，贾宝玉就将装着宫花的匣子拿了过来，打开后贾宝玉看到了两枝漂亮的宫花，林黛玉看了一眼后问道："这些宫花是只送给我一人的，还是别的姑娘都有呢？"周瑞家的回答说："各位姑娘都有了，这两枝是姑娘的。"林黛玉一听就不高兴了："我就知道！别人挑剩下的就给我了！"周瑞家的听了，一声不吭。

艺术者很容易受到情绪的影响，喜欢追求独具一格并且具有意义的事物，讨厌平庸的生活，并认为只有死亡、苦难、悲剧才具有价值。艺术者的品位相比其他人，的确很独特，他们的衣着、家居布置都充满了浪漫的艺术气息。

有一次，贾宝玉被贾政叫走了，林黛玉很担心他，到了晚饭过后林黛玉才听说贾宝玉回来了，于是立刻去看他。当时薛宝钗已经先一步到了怡红院。看门的晴雯正好与一个丫鬟吵架了，正在气头上，便将气都撒在薛宝钗身上，偷偷抱怨薛宝钗三更半夜来打扰他们。这时，林黛玉突然敲门，晴雯正在生气，连问也不问，就直接说："都睡下了，明天再来吧！"林黛玉便高声喊道："是我，还不开门吗？"晴雯偏偏没有听出来是林黛玉，直接丢了一句："管你是谁！二爷吩咐了，谁也不准进来！"

林黛玉一听十分伤心，这时恰逢薛宝钗从怡红院里说说笑笑出来。林黛玉想去质问贾宝玉，但唯恐贾宝玉丢脸就没去。回到自己住处，林黛玉越想越伤心，紫鹃等人看了也没上前安慰，她们早就习惯林黛玉愁眉苦脸的样子了。林黛玉一直伤心到半夜才睡着。

第二天便是芒种节，有为花神饯行的风俗，许多年轻女子都会准备一些小物件，然后将它们挂在花枝头上。此时的林黛玉正在葬花。以前，林黛玉就曾惋惜花落，并且十分担心这些落花的命运。贾宝玉提议将落花葬在水里，林黛玉却认为大观园里的水倒是干净，但一流出去，脏水就会把落花给糟蹋了。林黛玉在院内的犄角上找了一处无人的地方，并做了一个花冢，她将搜集来的落花都装在准备好的绢袋里，然后将其土葬，林黛玉觉得这样才是落花最干净的去处。

后来贾宝玉找到了林黛玉，当时林黛玉一边葬花，一边为落花感伤，并吟唱出了著名的《葬花词》。贾宝玉一听也很感伤，立刻去见林黛玉并解释清楚了两人之间的误会。

林黛玉的品位也颇具艺术家气息。在刘姥姥进大观园时，贾母曾带着她参观过林黛玉的住处潇湘馆，贾母对林黛玉屋内的摆设很满意，刘姥姥甚至觉得林黛玉的住处不像闺房，倒像公子哥的书房。贾母直接笑着说："这是我外孙女儿的屋子。"等到了薛宝钗的住处后，贾母就非常不满，觉得她的屋子太素净，似雪洞一般，什么摆设也没有。贾母还要求王熙凤送些摆设来，王熙凤笑着说："她自己不要，我们原来送过，都送回来了。"贾母直接说："年轻姑娘家的屋子都这么素净，我们这老婆子都该去马圈住了。"从贾母的态度中，就可以看出她对林黛玉的屋内陈设风格是很满意的。贾母是个养尊处优的贵族老太太，品位自然不会差。

　　林黛玉还十分有才华。大观园成立海棠诗社后，林黛玉每次作诗都能轻易夺魁。有一次，许多人聚集在一起作菊花诗，林黛玉作的三首《咏菊》《问菊》《菊梦》直接包揽了前三名。

　　艺术者基本上都是忧郁的梦想家，每天都生活在美好的幻想世界里，当现实不如意，他们的梦想破灭时，他们就会变得自闭、沮丧，将自己与其他人隔离起来，可能会借助酒精或药物来逃避现实。在极端情况下，会出现情绪崩溃和自杀的行为。林黛玉将所有的希望都寄托在贾宝玉的身上，当得知贾宝玉的婚讯后，她绝望了，身体本来就不好的她最后泪尽而亡。

　　在工作方面，艺术者会显得有些任性，他们希望能够从事一份有意义的工作，能通过工作的方式进行自我表达。如果艺术者所从事的工作没有创意，每天都是例行公事，那么艺术者就会觉得毫无意义，他们无法从工作中获得成就感。这样对艺术者来说是十分痛苦的，因为他们无法证明自己的独特性，好像变成了自己最讨厌的平庸者。

　　艺术者的性格中颇有些艺术家的脾性，因为他们渴望别人把他当成与众不同的存在，不是普罗大众的一分子，而且无法接受否定，希望能得到别人的赞扬，尤其是赞扬他的才干。

　　艺术者颇具才干和创意，总是能出色地完成工作任务。但当艺术者遭遇挫折时，他却很容易产生沮丧和悲观的情绪，会将自己逼入死胡同。艺术者想要走出这个情绪的死胡同，就必须恢复对工作和人际交往的兴趣。

天才与疯子一线之隔——探索者

1955 年 10 月 28 日，比尔·盖茨出生了，他的父亲是一名律师，母亲曾为多个组织的董事会工作，在西雅图十分有名，西雅图其中一条马路就是以他母亲的名字命名的。

盖茨个头矮小，性格内向而腼腆，很少出去与其他孩子一起玩耍，整天都待在自己的卧室里不出来，为此他的父母很发愁，甚至觉得盖茨不正常，还带着盖茨去接受心理治疗。有一次盖茨躲在自己的卧室里不出来，他的母亲只好通过电话问他："你在做什么？"盖茨对着电话大喊："我在思考！"母亲问道："你在思考？"盖茨回答说："没错，我在思考。你从来没有试着思考过吗？"

盖茨在湖畔中学上学时，与同伴艾伦迷上了一台笨重的计算机终端机，两人每天都在研究这个笨重的东西。到了八年级时，盖茨写出了第一个软件程序。高中时，盖茨与艾伦用 360 美元买了一块小芯片，并用它启动一台机器来分析城市道路交通监视信息，还专门创办了一家公司，公司的名字就叫"交通数据"。在当时，盖茨所发明的这种设备可以解决许多问题，但市政当局不愿意从盖茨、艾伦这两个毛头小子那里购买设备，认为根本不可靠。

十年级时，湖畔编程小组在盖茨与艾伦的努力下成立了，专门为当地的公司开发软件，这为他们带来了丰厚的收入。但盖茨和艾伦并未因此而满足，他们想要创立属于自己的软件公司，因为编写软件是一项公平的游戏，谁有能力谁就是胜利者。当盖茨考上哈佛大学后不久就选择了辍学，他要和艾伦一起创办微软公司。后来，盖茨成为世界上的头号富翁，被《时代》周刊评价为当今时代的爱迪生和福特，是数字化时代的象征。

　　盖茨无疑是天才式的人物，他拥有超高的智商，在加工提炼信息方面有着惊人的能力，他的思维甚至都是数字化的。同时，盖茨还是典型的探索者。当探索者处于最佳状态时，也就是产生天才的时刻，他们有一种奇特的能力，能轻易地发现事物之间的规律，即使是表面上看起来毫不相干的事物。

　　探索者对知识有着十分浓厚的兴趣，即使不会成为像盖茨一样的天才人物，也会成为某个领域的专家。当探索者发现自己感兴趣的领域后，就会全身心地投入其中，甚至会将自己与外界隔离开来，例如盖茨小时候就经常待在自己的房间里。探索者还具有创新意识和能力，他们会提出新的理论或进行新的发明，常常能做出开先河的发明创造。当然探索者也不一定会成为知识型的人才，也可能从事艺术类的工作，如果他们有艺术天赋，那么就极有可能会创造出一种全新的艺术形式。

　　通常情况下，探索者都会显得很冷静，总想与身边的人和事拉开一定的距离，不会出现乱发脾气的情况，在很多情况下都不会置身其中，就好像一个旁观的局外人一样。但如果有人侵犯了探索者的私人空间，那么探索者就会变得焦虑不安起来，例如著名物理学家阿尔伯特·爱因斯坦。

　　阿尔伯特·爱因斯坦的第一任妻子是米列娃·玛丽克，爱因斯坦之所以会选择米列娃做自己的妻子，主要有两点。第一点，米列娃比爱因斯坦年长3岁，而爱因斯坦又生性散漫不修边幅，米列娃可以在生活上照顾他。第二点，米列娃与爱因斯坦有着相同的爱好和志向，能与爱因斯坦讨论科学问题，很少有女孩能满足爱因斯坦的这个要求。

米列娃的婚后生活并不幸福，爱因斯坦好像一个形式上的丈夫，对家里的一切事务一概不管，甚至还写信要求私人空间。爱因斯坦给米列娃写了一封信，声称想要保持这段婚姻，就必须满足以下四个条件：第一，保证衣物、被褥的整洁；保证一日三餐；保证工作房间的整洁；关键是办公桌不能让别人使用。第二，不要来打扰我，不要让我和你一起聊天、外出或旅行，除非出席社交活动。第三，在与我交谈的时候，如果我要求，必须立刻终止，然后无条件地离开卧室或工作的房间。第四，不要在孩子面前蔑视我。

天才与疯子之间往往是一线之隔，探索者常常会走向两个极端，即天才和疯子。对于天才而言，他们的想法虽然不被常人所理解，但他们的想法并不脱离实际，不会将自己的想法强加在现实上，因此天才能正确地理解现实，甚至会发现新的现实模式。但对于疯子来说，他们始终活在自己幻想的世界中，会把自己脑海中的模式强加在现实上，疯子往往会与现实世界脱离。

1877年，24岁的文森特·凡·高决定成为一名能为穷苦人带来救赎的神父，因为凡·高自认为肩负着一种崇高的宗教使命。为了能成为一名合格的神父，凡·高开始努力学习，并且为考入阿姆斯特丹大学的神学系做各种各样的准备。后来凡·高因为语言问题放弃了。

不久之后，凡·高就以牧师的身份前往比利时南部的煤矿区，在那里凡·高亲眼看见了矿工们的劳苦，感同身受的凡·高决定对这些矿工进行救赎，可是过激的凡·高却被剥夺了牧师的职务。无奈之下，凡·高开始系统地学习绘画，并且决定要成为一名画家。

或许正是因为这份强烈的同情之心，凡·高才能画出《吃马铃薯的人》这样的作品。后来，凡·高开始接受弟弟特奥的资助，学习艺术和绘画。在学习绘画的时候，一个名叫克拉希娜·玛丽亚·霍尔妮克的女人成了凡·高的模特。最后凡·高和霍尔妮克同居了，因为两人曾经发生过性关系，凡·高也因此染上了淋病。

霍尔妮克既然是凡·高的绘画模特，就一定有相应的作品，这幅作品被凡·高命名为《忧愁》。霍尔妮克的身份是一名妓女，不是那种让男人魂牵梦绕的高级妓女，而是下贱的娼妇。大多数画家在创作人体绘画作品的时候都会选择颇具美感的模特，这或许也算是对美的欣赏。但在《忧愁》这幅绘画作品中，这位名叫霍尔妮克的模特没有丝毫的美感，其肉体已经在穷苦的生活中被摧残得憔悴不堪。我们甚至可以看出霍尔妮克当时还怀有身孕，因为画中霍尔妮克的腹部高高隆起。对于霍尔妮克来说，腹中孩子的父亲或许是某个她自己也没有印象的嫖客。在那个时代，堕胎对于女性而言常常比生产还要面临更大的生命危险。所以即使霍尔妮克不想生下这个孩子，也必须得选择生下来。

当时凡·高还没有表现出明显的疯子行为，在周围人的眼中，凡·高是一个颇有前途的年轻人，曾经是牧师，现在是画家。可是凡·高与霍尔妮克的同居却让人们无法理解，甚至连凡·高的家人也觉得他这么做令家人蒙羞。

面对重重的压力，霍尔妮克又没有令人心动的美貌，那么凡·高为什么要执意和这个女人生活在一起呢？更何况霍尔妮克还有好多个孩子，这会让本来就拮据的凡·高更加贫困。难道是天才凡·高的审美异常？还是凡·高认为霍尔妮克就是自己的灵魂伴侣？或许都不是，凡·高似乎觉得这种做法是一种救赎，能把霍尔妮克与她的孩子们从贫困的生活中解救出来。不过并不富裕的凡·高对于霍尔妮克来说只是杯水车薪，不久之后霍尔妮克就又开始接客，毕竟她需要钱来养活自己和孩子。

1887 年，34 岁的凡·高和图卢兹、戈甘、洛克雷一起去巴黎举行画展。

第二年，凡·高决定去阿尔城成立一个艺术家协会，并且完成了著名的绘画作品《向日葵》。在这幅作品中，许多人都可以从凡·高所选择的色彩上感觉到强烈的生命力。但一位不识字却颇具绘画天赋的老太太在看过凡·高的《向日葵》之后说："他画的向日葵是在花瓶里，不久之后就会死掉。"也就是说，这位老太太从凡·高的《向日葵》中感觉到了死亡的气息。如果凡·高真的想表现出具有生命力的向日葵，那么为什么不画生长在土地上且面向阳光的向日葵呢？

同年，凡·高还在阿尔城遇到了保罗·甘戈。凡·高通过与甘戈一段时间的合作后，觉得甘戈是一个十分友好和诚恳的人。事实上，甘戈和凡·高一样都是非常具有个人特色的艺术家。但随着两人的深交，他们的绘画观开始出现差异，两人为此经常发生十分激烈的争吵。一天夜里，两人又在争执。愤怒不已的甘戈摔门而去。而同样情绪激动的凡·高则手持剃须刀紧跟其后，并且割下了自己左耳上的一块肉。后来凡·高被送进医院。而甘戈则在震惊之中匆匆离开阿尔城。

1889 年，36 岁的凡·高再一次陷入癫狂之中。白天的时候，凡·高的创作热情十分高涨，他会待在自己的工作室内进行创作。但到了晚上，凡·高的灵感就会枯竭，会陷入沮丧的痛苦之中。癫狂的凡·高对于阿尔城的居民来说是个危险分子，没有人知道他在疯狂状态下会做出什么行为，于是一些居民就向当地政府递交了一份申请，希望能将凡·高这个危险分子隔离开，凡·高因此被送进了精神病院。与此同时，凡·高也进入了创作的高峰期。著名的绘画作品《星夜》和《鸢尾》都在这个时期完成。1890 年，37 岁的凡·高离开了精神病院，前往巴黎，不久之后在那里开枪自杀身亡。

疯子是探索者的另一种极端，他们完全脱离现实，将自己与外界隔离开，他们的自我怀疑会变得越来越严重，甚至会觉得身边所有的人和事都会给自己带来危险。渐渐地，疯子式的探索者会变得越来越绝望。有的人甚至会进入神志错乱的谵妄状态，会恐惧一切，表现出强烈的攻击性。

除了天才和疯子两个极端外，普通的探索者常常会致力于研究某个领域，成为该领域的专家，他们喜爱搜集资料，喜欢从杂乱的事物中总结出秩序和规律。有的时候也会出现脱离现实的情况，沉浸在自己的想象中，或者专注复杂的理念。总之，探索者对知识十分热爱，知识是他们人生中重要的组成部分。

疑虑带来的矛盾——忠诚者

戴安娜王妃的出身虽然显赫，但是童年却过得并不幸福。在戴安娜的印象中，她最恐惧去祖父家，因为祖父所居住的房子对年幼的戴安娜来说是那样的阴森恐怖。

戴安娜的父亲是子爵，按照传统他需要一个男孩，因为只有儿子才可以继承自己的爵位。可是戴安娜的母亲却只生女孩，在当时的人们看来，戴安娜的母亲之所以无法生男孩，是因为患上了一种怪病。戴安娜的母亲为了能成功地生下男孩，开始了各种检查和宗教活动，同时还备受家族的歧视。虽然后来戴安娜的母亲为这个家族生下了一个继承人，但最终还是离婚了。

戴安娜和弟弟不得不与继母一起生活，对于那时候的戴安娜来说，最快乐的时光就是带着弟弟探望母亲，但这又是十分有限的。后来戴安娜和弟弟上学了，由于是家庭离异的孩子所以备受其他孩子的歧视。在戴安娜9岁的那一年，父亲把她送到了一所寄宿学校，那个时候戴安娜感觉自己被父亲抛弃了。

忠诚者从小生活的家庭背景主要有两种。一种是父母无法获得安全的藏身之地，因此他们无法保护自己的孩子，在这种家庭背景下长大的孩子会倾向于寻找一种强大的力量来保护自己。另一种则是忠诚者无法信任父母，因为他们的父母要么是过度惩罚或羞辱孩子，要么是对待孩子的态度反复无常。

对于戴安娜来说，与母亲在一起的日子是快乐的，但母亲婚姻的不幸导致她无法全力保护自己的孩子。戴安娜的父亲似乎从来没有关心过女儿，不然戴安娜不会觉得父亲将她送到寄宿学校就是抛弃她，在戴安娜心里，她从来没有对父亲产生过信任，她从小在一种安全感缺失的家庭氛围中长大。

戴安娜与查尔斯王子的认识十分巧合，那个时候戴安娜认为查尔斯王子会和姐姐喜结连理，但是查尔斯王子却看上了戴安娜。后来查尔斯向戴安娜求婚成功，不久两人就举行了一场十分盛大的婚礼。当时戴安娜才 19 岁，而查尔斯已经 33 岁了。

忠诚者会将所有的精力和时间都放在自己信任的人和事上，并且期望权威能给自己的生活带来安全和稳定。这或许是戴安娜选择嫁给查尔斯的原因之一，查尔斯不仅是王子，年龄还比她大许多，她相信查尔斯能给自己带来幸福。

婚后的生活并没有戴安娜所想象的那样幸福，一方面她与查尔斯之间并没有共同的兴趣爱好。查尔斯是剑桥大学的毕业生，十分喜爱阅读心理学或历史学的书籍，但是戴安娜却对此并不感兴趣。查尔斯比较喜欢马球和狩猎，但戴安娜因为童年时期骑马留下的阴影，很不喜欢此类运动。查尔斯喜欢古典歌剧，但戴安娜却只对流行音乐感兴趣。

对于刚刚从校园中走出来的戴安娜来说，与查尔斯结婚自然是因为爱情。可是对于情场老手查尔斯来说，选择这段婚姻的目的并不单纯，因为查尔斯的身份是一个王储，是未来国王的最佳候选人，他需要和一个出身显赫的女人结婚，然后让这个女人为他生下继承人，戴安娜成了查尔斯的选择对象。不幸的是，这些都是戴安娜不知道的。

对于忠诚者来说，安全感十分重要。如果忠诚者感到安全和自在，那么他就会忠诚于他人，并且坚定不移，因为他们相信权威，按照权威的引导做事。忠诚者有很强的合作精神，他们喜欢群体生活，在为别人做事时能做到尽心尽力。

戴安娜王妃是一个十分热衷于慈善事业的公众人物，曾经把自己拍卖服饰所获得的款项全数捐献给了慈善事业。在许多女孩子的眼中，戴安娜王妃就是她们努力的目标，因为戴安娜王妃拥有许多女孩所渴望拥有的东西，例如美貌、声望和权力等。

忠诚者如果感觉不到安全，那么就会一直保持着很强的警惕性，会想到最坏的结果，并做最坏的打算。这时，忠诚者会充满了矛盾和疑虑，甚至会反抗权威。

查尔斯在与戴安娜结婚前，就是有名的花花公子，在结婚后他从来没打算放弃原来的生活方式。在他眼里，戴安娜只是一个没有主见的孩子，理应唯他马首是瞻。

婚后不久，戴安娜的安全感就开始渐渐消失，她对这段婚姻开始变得警惕起来。有一次，戴安娜发现查尔斯的日记本里掉出来两张卡米拉的照片。还有一次在招待埃及总统和夫人的晚宴上，查尔斯戴了一副新袖扣，扣子的形状是两个纠缠在一起的"C"，这是卡米拉送给查尔斯的礼物。

丈夫的出轨让戴安娜变得恐惧不安起来，她对王室生活开始充满了疑虑，她不再那么忠诚于查尔斯，同时还产生了强烈的自卑感，甚至产生了受虐倾向。

为了能引起丈夫的注意，戴安娜从楼梯上摔了下来。但是让戴安娜伤心的是，第一个赶到现场的不是查尔斯，而是伊丽莎白二世女王。有不少人认为戴安娜此举是故意的，是为了让丈夫重回自己身边。实际上，这属于一种抑郁状态中的自残行为。几个月后，威廉王子的出生让戴安娜与查尔斯之间的关系变得缓和起来。但是，维持的时间却很短暂。

很快，戴安娜王妃生下了第二个孩子哈里王子。但是查尔斯却非常不喜欢哈里王子，因为哈里王子的出生耽误他打马球了。戴安娜也因此患上了产后抑郁症。为了缓解自己精神上的痛苦，戴安娜还经常出现类似用刀割手腕、脚腕的自残行为。后来，戴安娜甚至患上了神经性贪食症。每当戴安娜觉得抑郁的时候，就会出现疯狂的暴食行为，看见什么都想填进肚子中。由于戴安娜是一位公众人物，对自己的外在形象要求很严格，所以为了避免暴食所带来的肥胖，戴安娜在每次暴食之后，就会服用泻药，有时候甚至会用物体抵住喉咙导致呕吐。

戴安娜被这段不幸的婚姻折磨得极度敏感、焦虑和抱怨，在内心深处她希望依赖查尔斯和这段婚姻，但同时她对这段婚姻充满了悲观，她一直处于矛盾之中，渴望获得他人的支持和认可。

最终戴安娜不再对自己的婚姻心存幻想。戴安娜在与查尔斯一起出访印度的时候正值情人节，按照以往的惯例，查尔斯与戴安娜需要在公众面前献上情人节之吻，以显示两人恩爱的婚姻。可是当查尔斯把嘴巴靠近戴安娜的脸庞时，戴安娜却转头避开了。不久之后，戴安娜就与查尔斯离婚了，由于戴安娜的公众影响力，她保留了王妃的头衔。

有时候，忠诚者之所以会表现出忠诚，唯他人马首是瞻，是因为内心充满了疑虑。这种疑虑会使忠诚者变得小心谨慎，但也会给忠诚者带来许多麻烦。

向快乐和刺激进发——热情者

约翰·肯尼迪是美国第 35 任总统，是美国历史上最年轻的总统，也是美国自由主义的代表。从学校毕业后不久，肯尼迪就参军了，成为第一批被选定加入美国陆军的青年。

1943 年在一次战斗中，肯尼迪所在的舰艇被撞成两截后沉没，船上 2 人丧生，11 人落水，幸存者们只能抓着漂在水面上的船壳向一座小岛游去。肯尼迪在逃生的时候，还拽着一个被严重烧伤的工程师，当船壳沉下海底后，肯尼迪只能用牙咬着伤员的救生衣带子，并坚持游到了小岛上。

到了小岛后，肯尼斯也没闲着，而是积极地进行求救工作，最终肯尼迪等人成功获救。肯尼迪也因为在该事件中表现出的勇气和决心成了各大报纸的头条新闻人物，还获得了许多奖章。

"二战"结束后，肯尼迪开始进入美国政坛。1960 年，作为总统候选人的肯尼迪和尼克松开始了竞选，这是美国历史上第一次总统大选电视辩论。这次的电视辩论不仅影响到竞选的结果，还开启了一种新型的竞选方式，即利用媒体曝光塑造出不同特色的公众形象。

当时正值美苏"冷战"，双方在军事、经济和太空领域都较着劲。当时苏联刚刚向太空中发射了一颗人造卫星，这意味着苏联在太空领域已经占据了领先地位。此时的美国却因为公民权利和种族隔离斗争等问题闹得不可开交。就这样，总统大选开始了。

两位总统候选人都十分有实力，而且风格不同。尼克松是副总统，有着十分丰富的从政经验；而肯尼迪则是个充满了活力的年轻参议员。不过相比之下，肯尼迪的实力稍逊。尼克松39岁就当选为副总统了，有着8年的治国理政的经验。而肯尼迪不仅缺乏经验，还因为天主教徒的身份处于不利的地位。

在大选初期，尼克松相比肯尼迪获得了微弱的领先优势。但在夏天过去后，选民对总统候选人的支持开始出现了变化，尼克松的领先优势开始朝着肯尼迪倾斜。后来时任总统艾森豪威尔的一句话让尼克松的处境变得轻松起来。

有记者向艾森豪威尔提问，希望他能列举出一些副总统的贡献。当时的艾森豪威尔刚开过一个漫长的新闻发布会，此时的他十分疲惫，于是就用了一句玩笑话搪塞："如果你给我一周的时间，我可能会想起一个贡献来，但现在我什么也想不起来。"

这虽然只是一句玩笑话，却被共和党当成了为尼克松争取选票的托词，共和党将这句话作为电视广告的结尾，即艾森豪威尔总统不记得，但选民们会记得。

不久之后，尼克松遭遇了一件倒霉的事情，他在北卡罗来纳州参加竞选活动时，不小心撞伤了膝盖，后来伤口出现了感染，他只好住院。两周后，尼克松终于出现在公众面前，但他的状态却不怎么好，看起来很萎靡。

9月26日晚上，尼克松要和肯尼迪一起在芝加哥市中心的哥伦比亚广播公司进行辩论。当尼克松走出汽车的时候，他摔伤了，膝盖再次受伤。再加上尼克松的感冒和低烧还没好，这次的竞选辩论对他来说十分难熬，他的状态严重影响到他的正常发挥。

不论是尼克松还是肯尼迪都十分重视这次的电视辩论，希望能通过这种形式向选民们彰显个人魅力，从而赢得选票。在第一次辩论开始前，哥伦比亚广播公司为两人准备了顶级化妆师，但两人都拒绝化妆。

不过肯尼迪向人呈现出一种健康而有活力的形象，他在经过多场的露天竞选后，皮肤已经被晒成了古铜色。而尼克松则因为健康问题，脸色总是很苍白，而且还带着胡楂。尼克松的团队为了让尼克松的形象看起来更积极，就为他准备了"懒汉剃须"，即一种粉末，将其涂抹在脸上，会遮盖住胡楂。

在录制开始后，尼克松因为状态不佳出了许多汗，汗水导致脸上的"懒汉剃须"开始融化，胡楂暴露出来，再加上尼克松的浅灰色西服，让他整个人看起来更加病态。尽管尼克松在辩论中表现得不错，但因为这种外在形象让他损失了许多选民。就连当时的新闻也提到了尼克松的化妆问题，甚至提出是电视化妆师毁了尼克松。

在进行辩论的时候，肯尼迪和尼克松选择了不同的互动方式。肯尼迪直视着摄像机的镜头来回答问题，好像在和电视机前的观众互动一样。但尼克松却将目光投向了录制现场的记者，在电视机前的观众看来，尼克松好像在逃避公众的眼神一样。

相对于尼克松在电视辩论中病态的装扮，人们就更加倾向于看起来更具有控制力的肯尼迪，毕竟当时正值美苏"冷战"，许多选民都希望美国在这场"冷战"中拿出强硬的态度，并战胜苏联，而肯尼迪则给选民们一种值得被信任和具有力量的感觉。

一个半月后，大选的结果出来了，肯尼迪以49.7%对49.5%的微弱优势赢得了总统的宝座。在之后的民意调查中，有超过一半的选民都表示受到了电视辩论的影响，其中6%的选民认为正是电视辩论让他们做出了最后的决定。

肯尼迪是美国历史上在任期内支持率最高的总统，肯尼迪在参加总统竞选时十分年轻，以至于国会中的民主党人一开始倾向于让肯尼迪参加副总统竞选，肯尼迪没有接受："我对竞选副总统没有兴趣，我要竞选总统，如果我参加总统竞选，那么我就会在1960年取得成功，不然就要等上8年，到时候谁知道会出现什么样的新面孔，而我就会靠边站。"

　　肯尼迪能在 1960 年的大选中胜出，与他热情者的性格是分不开的。热情者思维敏捷、兴趣广泛，极具感染力，他们会给人一种生机勃勃之感，充满了活力、快乐、活泼和亲切。

　　对于热情者而言，他们的兴趣广泛与寻求刺激是分不开的。热情者喜欢新鲜的事物，因为他们能从中获得刺激和快乐。如果让热情者生活在一个一成不变的环境中，那么他很快就会觉得枯燥。

　　热情者缺乏耐心，想要做的事情太多，但都浅尝辄止，很少能坚持下来，因为他们会觉得烦闷。追求好玩、快乐和刺激是热情者的性格特点之一，因此他们大多数都是现实的享乐主义者，是物质主义者。

　　在极端情况下，热情者很容易堕落，不会控制自己的行为，变得随心所欲起来，甚至会沉迷在酒色之中。堕落中的热情者会变得越来越抑郁和绝望，并产生自我毁灭的冲动，出现自杀的行为。

我的地盘，我做主——挑战者

1769 年，拿破仑出生于法国东南面的科西嘉岛上。幼年时期的拿破仑认为自己并不是法国人，希望有一天科西嘉能脱离法国的统治获得独立。

9 岁时，拿破仑离开了科西嘉，到异地求学。按照父亲的要求，拿破仑进入了一所军校。在这里，拿破仑因为身材瘦小总是被其他同学欺负，还因为来自殖民地科西嘉，被称为"乡巴佬"。不过由于拿破仑的努力，渐渐获得了同学们的尊重，并在 1784 年以优异的成绩毕业。

挑战者的童年大都不幸福，因此他们会伪装成十分强硬的样子，并认为只有强硬才能生存。通常情况下，挑战者成长于三种家庭环境。第一种是在家里经常挨打，渐渐学会用反抗的形式来避免挨打。第二种是常常扮演强硬的角色，不会在人前展现出自己软弱的一面。第三种是从小就被灌输强权思想，只有强者才会得到他人的尊重，弱者是被人们所唾弃的。

毕业后，拿破仑到巴黎求学。在拿破仑 16 岁时，接到了一个噩耗，他的父亲去世。这下，拿破仑本就贫寒的家境变得更加糟糕，他不得不提前毕业。虽然拿破仑不得已放弃了学业，但却从未放弃学习。他利用部队服役的空闲时间，阅读各种书籍，尤其喜爱亚历山大的战史。在启蒙运动的影响下，拿破仑也开始阅读思想家的作品，其中卢梭的思想深深影响了他。但在拿破仑成为皇帝后，他便开始斥责卢梭的思想和作品。

大革命爆发后，拿破仑觉得科西嘉独立的时机到了，立刻赶往科西嘉，但最后失败了。不过像拿破仑这样的军事天才，迟早会在这种风云变幻的时代崭露头角。

拿破仑在协助督政府镇压保王党叛乱后，立刻受到重用。在1797年3月2日，拿破仑被任命为总司令，到意大利打仗。拿破仑击败了奥地利，并胁迫奥地利签订了对法国有利的条约。这场胜仗让拿破仑获得了"法兰西英雄"的称号。

1799年，拿破仑在群众和军队的拥护下，发动了政变，由于政变时间是11月，正值法国的雾月，因此也被称为"雾月政变"。这下，拿破仑成为法国的统治者。

后来，拿破仑加冕称帝。在加冕称帝的仪式中，拿破仑做出了一个意外举动，他主动拿走了教皇手中的皇冠，然后戴在自己和皇后的头上。在他看来，他所有的一切都是自己奋斗所得，而不是教皇赐予，自然用不着教皇给自己戴上皇冠。在拿破仑的独裁统治下，法国发动了多次战争，死了不少士兵。

挑战者通常都是强者，他们相信弱肉强食，适者生存。他们非常看重权力，尤其是在自己的领地上，要拥有绝对控制权，他们的地盘只能自己做主，不允许任何人插手。

挑战者会给人以自信、坚强的感觉，具有权威性，会使人产生服从的心理。拿破仑虽然发动了许多战争，不少士兵因此而丧命，但他在法国人的心中一直是英雄和伟人。挑战者有胆有识，为了实现自己的目标愿意不懈努力，甚至将自己置于危险之地也在所不惜。在拿破仑的统治下，法国成了欧洲霸主，是欧洲许多国家都忌惮的对象，但拿破仑却根本不在意，他要实现统一欧洲的梦想，为此不惜踏上征服俄国的道路。只是这一次，拿破仑失败了，他被流放到一座小岛上，成了一个名义上的皇帝。

挑战者极其好斗，喜欢挑起战争，在面对困难时决不退缩，并将困难看成是对自己意志力的考验；挑战者喜欢征服他人，通过威胁和报复的方式让他人对自己屈服。被流放到小岛上的拿破仑很快卷土重来。欧洲同盟军自然不可能让拿破仑重新掌权，可是面对声势浩大的同盟军，拿破仑毫不畏惧，积极应战。在滑铁卢战役中，拿破仑失败了，他失去了皇帝的称号，被流放到圣赫勒拿岛，从此拿破仑再也没有了东山再起的可能。

挑战者最具领袖特质，历史上的不少伟人和英雄都具有挑战者的性格。对于普通挑战者来说，他们通常都是环境的主导者，希望可以指挥他人，因为挑战者有很强的成功欲望，也有很强的控制他人的企图，喜欢将自己的意愿和想法强加到别人身上。

挑战者常常会以自我为中心，会为了自己的权益而与其他人作对，并且认为自己是中心人物，他人理所应当为自己做出调整，团结一致完成他的目标。如果挑战者的目标与所有人是一致的，那么挑战者就会成为一个积极人物，因为挑战者具有很强的自信，在完成目标的过程中能起到鼓舞人心的作用。

在极端情况下，挑战者是十分危险的，因为他们会为了实现自己的目标而不惜一切代价，甚至牺牲所有人的权益也在所不惜。他们会产生毁灭的冲动和行为，破坏一切不服从自己的东西，甚至会表现出反社会的倾向。

退一步海阔天空——和平者

1809 年 2 月 12 日，亚伯拉罕·林肯出生在肯塔基州哈丁镇荒郊一间泥土小屋中，这是一个十分贫困的家庭，用林肯自己的话说，他的童年就是一部贫穷的简明编年史。5 岁时，林肯就开始帮家里干活。9 岁时，林肯的生母去世了。一年后，林肯的父亲再婚，一个名叫莎莉的女人成了林肯的继母。莎莉是个善良开明的女人，林肯与她相处得很好。由于贫困，直到 15 岁时林肯才有机会读书，但很快就辍学了，林肯只能利用业余时间自学。

长大后，林肯想成为一名律师，于是他开始自学法律知识，还特意去听律师的辩论，细心观察和学习律师的辩论技巧。林肯为了成为一个称职的律师，经常在干活的时候对着空地练习演讲的技巧。

24 岁时，林肯坠入了爱河，他爱上了一个名叫安妮的姑娘，但安妮却得了斑疹伤寒，不久就去世了。这给林肯带来了巨大的打击，他陷入抑郁之中，好几次都想通过自杀来了断痛苦。

31 岁时，林肯结婚了，妻子是出身名门的玛丽·托德。玛丽与林肯不同，从小生活优越，不仅接受过良好的教育，还能说一口流利的法语。但林肯并未从这段婚姻生活中体会到幸福，玛丽总是喜欢挑林肯的毛病，斥责他的不是，她告诉林肯自己的梦想是成为总统夫人，这意味着林肯要为总统之位而努力。

林肯是个典型的和平者，他谦卑、和善，并且十分懂得谦让，在人际交往中很难拒绝别人的要求，给人一种十分温和的感觉。美国著名人际关系专家卡耐基曾评论说："林肯如果和安妮结为夫妇，那么林肯会生活得很幸福，但不会成为美国总统。林肯与玛丽结婚，虽然生活得不幸福，却可以成为总统。"

和平者不喜欢与别人起冲突，他们渴望能与他人和平相处，尽量避免所有冲突和紧张的局面。他们信奉的人生格言是"忍一时风平浪静，退一步海阔天空"。对于和平者来说，他们能让别人的情绪尽快得到缓和和平静，让所有人都和谐融洽，让人们团结在一起。当出现矛盾时，和平者总是最好的调停者。

有一次，林肯和夫人正和几个内阁大臣在吃晚餐。不知怎么的，总统夫人突然开始刁难起林肯来："你吃东西的样子真难看。不是，你走路的样子更难看，就好像密西西比河里的一只八爪鱼。"在场的人听到总统夫人的话后，既觉得吃惊，又很尴尬，都放下餐具，等着总统的反应。林肯接过了夫人的话："是吗？那我得多吃点儿，这样我这只胖胖的八爪鱼就能被端上餐桌了。那味道一定好极了，我觉得还得取个名字，就叫'总统套餐'好了。"在场的人听到后纷纷笑了起来。林肯运用幽默轻松地使就餐的氛围由冲突、紧张变得轻松、愉快起来。

和平者由于善解人意、随和的性格特点，因此很受人欢迎，即使是对手也不会将和平者看成敌人。林肯在参加总统竞选时，有两个主要竞争对手史蒂芬和道格拉斯，他们对林肯的评价很高："林肯是一个强有力的人物，不仅才智超群、阅历丰富，还是一个最优秀的竞选演说家。"在林肯任期内美国爆发了南北内战，林肯虽然想要废除奴隶制，但并不想导致国家分裂，更不想引起战争，他更希望以和平的方式来实现奴隶解放。不过现实很无奈，南北战争还是爆发了。南军的总司令罗伯特·李将军虽然是林肯的对手，但他对林肯的评价也很高："尽管我们的政见不同，但林肯是我一生中最佩服的人。"

当冲突出现时，往往是和平者最焦虑的时候，他们喜欢站在中间立场，更倾向于担任调停的角色，希望可以尽量保持和谐。如果事与愿违，那么他们就会开始逃避问题，甚至会做白日梦，希望所有的冲突和问题能一下子消失。

和平者不懂得拒绝别人，能敏锐察觉到别人的需求，却不知道自己到底想要什么，因此会变得优柔寡断、缺少主见，会尽量配合别人的安排。因此和平者很容易变得压抑和消极，在满足他人需求的时候会产生一种被利用的感觉。

在极端情况下，和平者不愿意去面对充满矛盾、冲突的局面时，他就会切断一切联系，让自己变得麻木起来，会表现出一种极度不负责任的态度，好像这样做就能远离一切冲突。

第二章

性格与气质——生来已有的差异

该如何定义气质呢？气质主要由两方面组成，即情绪和行为差异。一个人性格的形成，与气质有着很密切的联系，气质可以说是一个人性格的地基。

并非白板——测量气质的六个维度

17世纪的英国哲学家约翰·洛克曾提出过一种人性哲学观点——白板说。这种哲学思想认为，人的心灵在刚出生时就像白板或白纸一样，是洁白无瑕的。后来通过经验的获取，人的心灵才有了观念。总之，洛克强调了环境对人产生影响，而否定先天遗传所起到的作用。

洛克的这种哲学思想从20世纪开始被运用到教育上。直到如今，绝大多数人在教育孩子的时候，也秉承了这种教育理念。不少人在遇到一些令自己讨厌的人时，都会说他教养不好，把一个人所有的行为问题都归结到他父母的身上。

后来随着心理学家对儿童发展所提出的理论的普及，这种白板说越来越盛行。一个问题儿童的背后一定有一个充满了问题的家庭。一个人的行为问题也一定能追溯到他早年所遭遇的病态生活环境。

精神分析和行为主义是心理学领域内的两大流派，两个流派在许多观点上虽然都是对立的，但在教育问题上却基本一致，即支持洛克的白板说，认为一个人的性格是后天形成的，不会受到先天因素的影响。而行为主义心理学的创始人约翰·华生更是扬言道："给我一打健康的婴儿，一个由我支配的特殊的环境，让我在这个环境里养育他们，我可担保，任意选择一个，不论他父母的才干、倾向、爱好如何，他父母的职业及种族如何，我都可以按照我的意愿把他们训练成为任何一种人物——医生、律师、艺术家、大商人，甚至乞丐或强盗。"不过华生根本没机会做这样的实验，他在一个名叫阿尔伯特的婴儿身上进行的条件反射实验，就已经让他饱受争议。

如果抛开这些权威专家的理论，仅仅去观察一些刚出生的婴儿，白板说就会被推翻。虽然后天教养对一个人性格的形成很重要，但先天气质也是不容忽视的。这一点，有两个或三个孩子的母亲应该是深有体会。

玛丽是一位三个孩子的母亲，她有两个女儿和一个儿子，这三个孩子的年龄都相差不大。玛丽的大女儿名叫珍妮，在玛丽看来这是一个十分棘手的孩子，她有时候甚至觉得珍妮是个不懂事的姐姐，总是胡闹。

当珍妮还是个婴儿的时候，玛丽就已经领教了珍妮为所欲为的性格。珍妮很难控制住自己的情绪，不论是在家里还是在公共场合，都会突然大发脾气。当珍妮渐渐长大后，玛丽开始训练珍妮养成有规律的生活习惯，例如像大多数孩子那样学会按时睡觉、进食和排便。这些对于珍妮来说，好像特别困难，在最初学习和接受训练的时候，珍妮总是大喊大叫。而珍妮的弟弟、妹妹则表现得很乖，让玛丽很省心。

当然，珍妮身上也不全是缺点。在玛丽看来，珍妮是个情绪反应十分强烈的孩子，不论是负面情绪还是正面情绪。当珍妮大哭大闹的时候，会让玛丽觉得心烦；但当珍妮开心的时候，却会让玛丽也觉得非常高兴，因为珍妮的快乐具有很强的感染力。

在洗澡的问题上，珍妮也让玛丽头疼不已。最初，珍妮对洗澡有些抗拒，但当她习惯后，就开始享受洗澡的乐趣，把洗澡当成了一件有趣的事情。后来，玛丽为了节省时间，会安排珍妮和弟弟妹妹一起洗澡。当洗澡结束时，玛丽会把三个孩子抱出来，然后将他们放到一条浴巾上，准备擦干并给他们穿上睡衣。

珍妮的弟弟妹妹都能按照玛丽的安排来，但珍妮却无法做到，她不肯轻易离开浴缸。当玛丽将珍妮强制抱出来时，珍妮就会大吵大闹。玛丽也试图说服珍妮，既然弟弟妹妹能做到，她应该也可以。但珍妮根本不听，她还想在浴缸里玩一会儿。有时候，珍妮会惹恼玛丽，于是母女二人便开始上演互相指责的戏码。

每天晚上睡觉之前，玛丽都会给珍妮姐弟三人讲故事，然后哄他们入睡。玛丽发现，珍妮真的是个精力十分旺盛的小女孩。当弟弟妹妹快要入睡的时候，珍妮却毫无睡意，还会不断说话。当玛丽指责珍妮，让她不要打扰弟弟妹妹睡觉时，珍妮就会变得愤怒起来。

随着珍妮渐渐长大，玛丽对她的担心越来越严重。在玛丽看来，珍妮是个非常异类的孩子，在家里父母和弟弟妹妹会包容她，但当珍妮到了上幼儿园的年龄时，她的老师和小伙伴们能接受这样另类的珍妮吗？

为此，玛丽便向心理医生寻求帮助。心理医生在了解了珍妮的情况后，给出的结论是，珍妮是个身心发展很正常的女孩。而玛丽之所以会觉得珍妮是个异类，是因为珍妮的性格与她的弟弟妹妹并不契合。珍妮总是用十分强烈的方式来表达自己的情绪，这是她与生俱来的气质。也就是说，珍妮的快乐强度和不快乐强度是一致的，她会用强烈的方式表达自己的不满，也会用相同的方式表达自己的快乐。这就是玛丽会觉得珍妮的快乐具有很强感染力的原因。总之，珍妮是个精力充沛的人。

最终，心理医生建议玛丽，要接受和尊重珍妮的性格特点，没必要强制珍妮必须遵守家里的规矩，更没必要要求珍妮必须得和弟弟妹妹保持同步。例如在洗澡问题上，既然珍妮喜欢洗澡，她不想那么快结束洗澡，那就把水放掉，让珍妮在浴缸里多待一会儿，等她自己想出来时再将她抱出来。至于睡觉的问题，珍妮显然比弟弟妹妹的精力更旺盛，那么当弟弟妹妹出现睡意时，玛丽可将珍妮带到另一个没人的房间，让珍妮自己玩耍，直到珍妮有了睡意。

玛丽按照心理医生的建议去做后，她与珍妮之间的矛盾越来越少，并渐渐发现珍妮并不是一个不会控制自己情绪的人，之前的珍妮只是在用强烈的情绪表达自己的诉求而已。

许多父母由于受到白板说的影响，从而觉得教育能改变一切，只要教育方式是正确的，就一定能得到一个令人满意的孩子。但讽刺的是，提出白板说的洛克终身未婚，也没有孩子。如果洛克去观察几个刚出生的婴儿，那么就会觉得每个孩子在接受教育之前，并不是一张白纸，不是你教给他什么，他就会全盘接受。

当一个孩子出现行为问题的时候，父母就会觉得很焦虑，甚至将所有的责任都揽到自己身上，觉得一定是自己的教育方式出现了问题。其实，这不过是父母忽略了孩子与生俱来的气质而已。

每对父母在教育孩子的时候，都抱有一种期望，并在想象中描绘孩子将来的蓝图。这种期望直接决定了父母在教育孩子时会采取什么样的方式，当孩子无法达到期望时，父母就会失望，并影响到孩子，会使孩子产生过度的压力和自我怀疑，于是行为问题便出现了。想要解决孩子的行为问题，父母就必须像上述案例中的玛丽一样，学会接受和尊重孩子的气质特点。

心理学上的气质概念与我们日常生活中所说的气质并不一样，而且气质具有先天性，并无好坏之分。那么该如何定义气质呢？气质主要由两方面组成，即情绪和行为差异。一个人性格的形成，与气质有着很密切的联系，气质可以说是一个人性格的地基。

每个人的气质都是不同的，但是为了便于理解和研究，研究者对气质进行了归类，并通过测量得出了气质类型。那么，应该从哪几个方面来测量气质类型呢？通常有以下六个维度。

1. 恐惧性痛苦，即当一个人面临新环境或新刺激时表现出的情绪，这种情绪通常包括犹疑、悲伤和退缩。例如当两个孩子在父母的陪同下第一次看到有人扮演圣诞老人时，会有不同的反应和表现。其中一个孩子会在好奇和犹豫中，渐渐接近和了解圣诞老人，另一个孩子则会哭着退缩到母亲的身后。

2. 易怒性痛苦，即当一个人的需求没有得到满足时所表现出的痛苦情绪，这种情绪通常包括愤怒或沮丧。例如上述案例中的珍妮，当她想要继续洗澡的愿望没有得到满足时，她就会愤怒地大喊大叫。

3. 积极情感，即一个人在与他人相处时所表现出的情绪，通常有微笑和大笑，愿意与他人交往等表现。

4. 活动水平，即一个人的精力，主要体现在肌肉运动上。例如观察一个婴儿在爬行和踢打时所耗费的时间，就可以知道他是否精力旺盛。

5. 注意广度和持久性，即一个人在关注感兴趣的事物时的表现，主要体现在两个方面——兴趣的广泛性和在兴趣上所耗费的时间。

6. 节律性，即一个人生活的规律性。

美国的斯泰拉·切斯和亚历山大·托马斯通过追踪研究，将气质类型总结为三大类，即容易型气质、困难型气质和慢热型气质。后文中我们将详细介绍这三种气质类型。

乖宝宝的典范——容易型气质

安娜是两个男孩的母亲，她的大儿子彼得已经 8 岁了，像个小大人一样；小儿子丹尼斯 6 岁了，却是个调皮的男孩。在照顾两个儿子的时候，彼得总是让安娜很省心，他会很好地控制自己的情绪，也很讲道理，并且能按时做好父母交代的事情。但丹尼斯却让人很闹心，他好动，总是和邻居的孩子打打闹闹。

对于大多数母亲来说，彼得是个难得的乖宝宝。但安娜却总是为彼得担心，她觉得男孩子就应该像丹尼斯一样好动，而彼得太安静了，根本不像一个孩子，好像身体里居住着一个成年人的灵魂。

在安娜的记忆里，她虽然是个女孩，但小时候却像个假小子一样，到处惹是生非，总会受到父母的责骂。在安娜长大并成为母亲后，她就决定要采取一种全新的方式去教育自己的孩子，不会刻意压抑他们的天性。在安娜看来，丹尼斯显得很正常，彼得却有些压抑了。于是，安娜便向心理医生寻求帮助。

根据安娜的诉求，心理医生专门为彼得进行了一次咨询。由于彼得只有 8 岁，因此这次的心理咨询是以玩耍的方式进行的。

最后心理医生得出一个结论，彼得是个身心发展十分健康的小男孩，根本不存在安娜所担心的心理压抑问题。彼得是个很懂事的孩子，他有一群关系不错的朋友，也会参与到朋友们的游戏中。但在彼得看来，他更喜欢看书和学习。如果彼得是个有心理问题的孩子，那么他应该会出现一些行为问题，例如学习障碍、做噩梦或有恐慌症。但这些行为问题在彼得身上都没有出现过。

很显然，彼得属于容易型气质。容易型气质的孩子是所有成年人心中乖宝宝的典范。此种气质类型的孩子不仅脾气好，适应性也很强。对于父母和老师来说，容易型气质的孩子总是让人很省心。

在上述案例中，安娜一直担心彼得是在压抑自己。但实际上这是因为安娜不了解彼得的气质类型，也就是说彼得的种种表现只是他的行为风格而已，他的气质类型与弟弟丹尼斯不一样，行为风格自然天差地别。

从测量气质的六个维度来看，容易型气质的孩子在这六个维度上会有不同的表现。首先是情绪上的，即恐惧性痛苦和易怒性痛苦。

恐惧性痛苦主要表现出了一个人的适应能力，即在面对新环境或新刺激时的表现。容易型气质的孩子有很强的适应能力，会对新环境或新刺激表现出积极的情绪反应，从而轻松愉快地接受新事物，也是最快适应新学校的一群人。

当一个人尤其是儿童，所处的环境发生新的变化时，会出现不同的适应方式。例如一个婴儿之前总是在浴盆里洗澡，当换成浴缸洗澡后，不同气质的婴儿会出现不同的反应，这便是他们的适应方式。而容易型气质的儿童则会很快接受和适应新环境。

适应能力还体现在面对陌生人时的表现上。对于儿童而言，陌生人是危险的，因此绝大多数的孩子对于陌生人的第一反应都是负面的。但由于气质的差异，每个孩子在与陌生人相处的过程中都会有不同的表现，与陌生人相熟所花的时间也不同。对于容易型气质儿童来说，他们不会出现哭闹的情况，会安静地并以较短的时间与陌生人相熟。

易怒性痛苦主要代表了一个人在面对挫折时的反应。当一个人的需求没有得到满足时，就会有挫败感，不同气质类型的人在面对挫折时自然会有不同的反应。对于容易型气质的孩子来说，他们能很快接受挫折。总之，容易型气质的孩子在情绪控制上做得很好，就像个小大人。

一天早上，一家儿科医院来了两个患有急性阑尾炎的男孩，分别是小王和小张。他们年龄相仿，并在当天下午接受了阑尾切除手术，并且都没有任何并发症。但到第二天早上时，两个男孩却有不同的表现。

在护士前来病房观察患者的情况时，就听到了小王的声音，他一直在大声喊伤口疼，好像情况很严重。小张则显得很安静，一直睁着眼在病床上躺着。如此看来，小王的情况比较严重，应该需要大剂量的止痛药。但护士在给两人检查了伤情后，却得出了相反的结论。

小王的伤口显得很干净而且缝合严密，没有任何被感染的迹象。但一直很安静的小张情况却并不乐观，他的伤口有些红肿，而且体温和脉搏都不正常。

很显然，小王属于困难型气质，他总会用十分强烈的方式来表达自己的痛苦，尽管只是很小的痛感，他也会大喊大叫。这时的小王只是需要情绪上的安抚，他需要被告诫要学会控制一下自己的情绪，避免打扰别人。

而小张则属于容易型气质，当处于痛苦中时会控制住自己的情绪，表现得非常安静，但实际上他却很痛苦。此时小张不仅需要安抚，还需要在护士的帮助下解决伤口感染的问题。

当父母想要知道孩子在易怒性痛苦维度上的反应时，可以留心观察孩子的日常表现，例如当孩子不喜欢吃父母喂给的某种食物时，是大哭大闹或者只是安静地将嘴从勺子上扭开。通常情况下，容易型气质类型的孩子会表现出和后者一样的反应。

活动水平是气质测量的六个维度之一。对于容易型气质的孩子来说，他们虽然很喜欢和小伙伴们一起游戏，并且能毫不费力地接受新的游戏规则，但他们却更喜欢安静地阅读或学习，例如上述案例中的彼得。因此容易型气质的孩子活动水平并不高，也就是说他们的精力并不旺盛。

容易型气质的孩子在注意力广度和持久性上的表现通常不错，通过他们的学习成绩就可以看出来，此种气质类型的孩子很少会出现学习障碍。

在节律性方面，容易型气质的孩子得分往往会很高。此种气质类型的孩子会很快养成定时睡眠和进食的习惯，而且他们的行为习惯也有规律可循。当一个婴儿长到两三个月大时，父母就能渐渐摸索出孩子的生活规律，例如每天什么时候会饥饿、什么时候会犯困、睡眠时间多长。不同气质类型的儿童会有不同的生活习惯，而容易型气质儿童的生活习惯则比较有规律，甚至会像钟表一样准时。

在测量气质的六个维度当中，容易型气质的儿童在恐惧性痛苦、易怒性痛苦、积极情感活动水平、注意广度和持久性以及节律性方面的表现都非常不错，是让成年人最省心的一种气质类型的儿童，因此才被称为容易型气质。但在积极情感这个测量气质的维度中，容易型气质的儿童却不及困难型儿童那样具有感染力。

容易型气质儿童在表达积极情感时，不会采用大声笑出来这样十分强烈的方式，他们通常会用微笑来表达自己的快乐。虽然微笑在人际交往中也算是一种积极的信号，但却远不如大笑具有感染力。

活力与麻烦并存——困难型气质

月月出生在一个稳定和谐的家庭中，她从孕育到出生都十分顺利，是个十分健康的女婴。但渐渐地，月月的妈妈小柳就发现照顾月月是件很麻烦的事情。

月月的生活习惯毫无规律可循，睡觉和进食都是随性而为。有时候会睡上好几个小时，有的时候却只睡十几分钟。当小柳第一次安排月月洗澡时，月月表现出了极大的抗拒，她不停地大声尖叫。一段时间后，月月适应了洗澡，便不再发脾气，开始享受起洗澡的乐趣来，每次洗澡的时候都会笑得十分开心。

小柳是个很耐心的母亲，当她知道月月适应新变化的能力很差后，总会鼓励月月要积极地面对新变化，每当月月对新变化产生积极的反应时，小柳都会赞赏月月，并给一些奖励。

当月月到了上幼儿园的年龄时，小柳便开始考虑怎么让月月尽快适应幼儿园的生活，她知道月月一定会做出十分激烈的抗拒行为。不出所料，月月在第一次去幼儿园时反应十分强烈，尤其是当父母离开时，她又哭又闹。

但在父母和幼儿园老师的耐心安抚和鼓励下，几周之后月月终于适应了幼儿园的生活。从此之后，月月开始喜欢上幼儿园轻松快乐的生活。

很快，月月到了上小学的年龄，这对月月来说是个巨大的挑战。月月不仅需要尽快地适应新环境、陌生的老师和同学，还需要努力学习。这与幼儿园里只需要玩耍的轻松愉快的生活有很大差异，她需要面对全新的要求，必须得安静地坐在自己的位置上认真听讲，还要完成作业并参加考试。

这一次，月月真的遇到了难题，她在第一天放学回家后朝父母大发雷霆，并扬言再也不去上学了。小柳等月月平静下来后对她说："虽然学校的环境让你很不舒服，但你必须得学会适应新环境，这是每一个小朋友都必须经历的。"月月感觉到妈妈对上学这件事情的态度十分坚决，这与妈妈平常宽容的态度不同，从妈妈的态度中月月知道第二天她必须得硬着头皮去上学。

上学的日子对月月来说是悲惨的，她每天回到家都是闷闷不乐的。但在几周之后，月月开始不那么沮丧了，她适应了学校的生活，并开始喜欢上学。而小柳从月月的情绪变化中得知，月月已经不再讨厌上学了。

在学校里，月月是个很受欢迎的孩子，她积极而活泼，在适应了新环境后便交上了许多朋友。月月还很喜欢学习，对学习投入了极大的热情，学习成绩也不错。

在小学快毕业时，月月从老师那里得知，她将要离开小学，到一个新的学校去上初中。听到这个消息后，月月十分愤怒和害怕，她不想离开这里，并且害怕新的学校，她不知道该怎么办，于是就向父母寻求帮助。

小柳并没有表现出吃惊和不高兴的情绪，她显然已经习惯了，她知道月月每当面临一个新环境时都会出现这种情况。小柳在等月月的情绪渐渐平复后对她说："月月你觉得很愤怒，我能理解。你还记得吗？在你上小学一年级的时候也是这样，你面对新环境时虽然很容易情绪波动，但当你适应了之后，你就会轻松愉快起来。相信我，当你适应了初中的新生活后一定会变得快乐起来！"

在该案例中，月月属于典型的困难型气质儿童，此种类型的气质也被称为棘手儿童。父母在照料困难型气质儿童时通常需要付出极大的耐心和精力，因为困难型气质儿童就是麻烦与活力的并存。

困难型气质儿童不仅很活跃，而且脾气暴躁，每当周围环境出现新变化时就会采用十分激烈的方式来表达自己的不满，适应能力很差。

在测量气质的六个维度方面，困难型气质儿童的表现与容易型气质儿童是正好相反的。也就是说，容易型气质儿童是让父母最省心的孩子，困难型气质儿童则是让父母最费心的孩子。

在恐惧性痛苦和易怒性痛苦这两个消极情绪的测量维度上，困难型气质儿童会表现得十分激烈，他们会用愤怒、大哭大叫等激烈的方式来表达自己对新变化痛苦的感受。

虽然在注意力广度和持久性方面，困难型气质儿童不如容易型气质儿童，但却不会出现注意力障碍的问题。此外，困难型气质儿童在节律性方面的表现很差，基本上不会有规律可循，例如吃饭、睡觉等生活习惯很难养成规律性。

困难型气质儿童总是很活跃，与安静的容易型气质儿童完全不同。因此，困难型气质儿童的活动水平会很高。

在这六个测量气质的维度中，困难型气质儿童的表现似乎都不怎么让父母高兴，毕竟与容易型气质的儿童相比，此种气质类型的儿童简直就是个大麻烦。但这并不是说困难型气质儿童就是不正常的，没有任何优点。

在调查研究中，困难型气质儿童只占样本的10%左右，在数量上远没有容易型气质儿童多。困难型气质儿童表面上好像都是坏脾气，但实际上这只是他们表达消极情绪的方式比较强烈而已。同样，困难型气质儿童在表达积极情绪时，也会使用十分强烈的方式，这就是困难型气质儿童的快乐非常具有感染力的原因所在。

和其他气质类型一样，困难型气质儿童的性格特点有好的一面，也有令人讨厌的一面。困难型气质儿童在面对新的变化时，总会大发脾气，因为这意味着他必须得让自己做出调整。但当困难型气质儿童遇到令人快乐的事情时，往往会表现出极大的热情，给人以充满活力的感觉。

在现代社会，学校生活是每一个人必需的经历。对于儿童来说，适应学校生活是个很大的挑战。在学校里，老师会要求儿童进行一系列复杂的活动。从进入学校的第一天起，不论是父母还是老师都会对儿童产生新的期望。

因此对于困难型气质儿童来说，学校生活更难适应。学校生活一般分为小学、初中、高中、高等教育几个阶段。每个不同的阶段对于困难型气质儿童都是个巨大的挑战，因为新的学校不仅意味着要学习更复杂的知识，还要接触陌生的老师和同学，这些都需要良好的适应能力。而且新学校还有新的要求和规矩需要遵守。

容易型气质儿童有不错的适应能力，一般可以迅速而愉快地适应学校生活，不会遇到太大的困难。可困难型气质儿童由于适应能力差，再加上难以控制住自己火爆的脾气，会因为新的学校生活而变得暴怒起来，这是在所难免的，因此父母的作用就显得尤为重要。如果父母的态度平和而且耐心，那么困难型气质儿童就会在父母的支持和鼓励下渐渐克服对新学校的不适应，并融入新环境中。

卡尔是个困难型气质儿童，他在两个月大时，就已经表现出了典型的困难型气质特征。每当卡尔的生活中出现新变化时，他的态度永远是大声哭闹，要渐渐去适应。但卡尔却是个精力旺盛的孩子，很活跃。

卡尔的父亲爱德华是个典型的容易型气质的成年人，他从小脾气就很好，基本上不会发火，即使遇到令自己十分愤怒的事情时也会很平静。很显然，爱德华是个很好相处的人，但他却非常喜欢那些爱恨分明的人，特别羡慕那些能表达出自己强烈情绪的人，即困难型气质的人。而卡尔就是这样的人，他高兴的时候会开心地大笑；不高兴的时候就会大声哭闹，表达自己的不满或愤怒。

爱德华总是会称赞卡尔，说他是个精力旺盛的人。当卡尔发脾气的时候，爱德华也不会排斥卡尔，更不会觉得卡尔是无理取闹，他会十分耐心而平静地等待卡尔将坏脾气都发泄完，然后再和他讲道理。

虽然卡尔的困难型气质给父母的生活带来了许多麻烦，但爱德华却从来没有试图改变卡尔的性格特点。在他看来，卡尔的脾气虽然火暴，但却充满活力、极具热情。最重要的是，只要是卡尔觉得没道理的事情，他都会勇敢且坚定地说"不"。

有一次，卡尔跟着妈妈去商场买东西。卡尔看上了一个价格很贵的玩具，吵着让妈妈购买。妈妈不同意，卡尔就开始大喊大叫。最后，卡尔便被妈妈带出了商场。之后，妈妈对卡尔说："你想闹多长时间都没问题，但我要明确告诉你一个事实，我不会因为你的胡闹而让你得到想要的东西。"渐渐地，卡尔冷静了下来，他继续跟着妈妈逛商场，而且十分高兴。

在卡尔成长的过程中，父母的引导起到了十分重要的作用。他们既没有因为卡尔的困难型气质而感到无助和内疚，也没有将卡尔宠溺成一个无法无天的孩子。随着年龄的增长，卡尔在面对新环境时越来越能更快地适应，并且能很好地控制自己的脾气。

在卡尔上大学那一年，他再次遇到了棘手的问题。他在上大学之前，对大学生活充满了期待和热情，他认为大学生活能带给他许多新的、有趣的体验。但进入大学没多久后，卡尔的期待就被打破了。大学生活与之前的学校生活完全不同，他不仅无法适应新的学习生活，就连交友都出现了问题。以前的卡尔不仅学习成绩良好，还有许多朋友。但在这里，他成了一个一无是处的人。

那么，为什么会出现这种情况呢？这与卡尔的困难型气质特点是分不开的。以前的学校生活对卡尔来说也需要花时间去适应，但由于父母和老师的支持，再加上周围的同学都是熟悉的社区小伙伴，因此卡尔在适应新学校生活时显得比较容易，并让他产生了一种错觉，他自认为是个适应能力强的人。他的适应能力在大学时开始变得捉襟见肘，这里的一切都是新的，他不仅需要适应一个不熟悉的环境，还需要应对学业上所遇到的一切障碍，最关键的是他在大学里没有一个朋友，周围全是陌生的面孔。

卡尔只能向父母寻求帮助。爱德华对卡尔所出现的状况并不惊讶，他告诉卡尔："你从小就是这样，这就是你的性格特点。你对新的变化总是很容易恼火，你最好强迫自己去适应新的环境，不久后你就会从中体会到乐趣。"卡尔用了差不多半年的时间才渐渐适应了大学的生活，重新变回了原先那个快乐自信的人。

并非迟钝——慢热型气质

慢热型气质是三大气质类型之一。该气质类型儿童的行为风格主要有以下几种表现：适应力差，对新变化的适应速度十分缓慢，这点与困难型气质儿童比较相似；不活跃，不会通过十分激烈的方式去表达自己的消极情绪，不会像困难型气质儿童那样用大哭大闹的方式来表达自己的不满，只会用十分温和的方式来表达，例如当换了一个新的环境时，困难型气质儿童会大哭大闹，慢热型气质儿童就会显得很伤心。

与困难型气质儿童相比，慢热型气质儿童好像不那么棘手，但该气质类型的儿童却并不具备容易型气质儿童那样良好的适应能力，因此在适应学校生活上会遇到问题，需要父母的引导和帮助。

小洁从小就表现出了典型的慢热型气质，她在适应新的变化时总会充满了压力，而且适应过程十分缓慢。小洁在适应幼儿园生活时并未出现很大的困难，因为幼儿园距离家比较近，幼儿园里的小朋友她也都很熟悉。

小学生活是小洁噩梦的开始，她由于适应能力差，很难融入新的生活中。在小洁还没开始适应新的环境时，老师就已经开始上课。学习对小洁来说十分困难，她跟不上班里大多数孩子的速度，当同学们都已经掌握了拼音拼写时，小洁却没有学会。小洁因此成了班里几个学习成绩差的学生之一，还被老师评价为"反应慢"，在老师看来她就是一个笨孩子。同学们对小洁的态度也不友好，都嘲笑她是个笨孩子。

慢热型气质儿童由于不活跃、适应缓慢，常常被定义为害羞和内向的性格。这种性格从我们现如今的社会环境看来似乎是存在缺陷的，我们的社会文化鼓励孩子要积极勇敢，并且将好人缘看成是一项不可多得的本领。但慢热型气质的儿童由于内向，常常面临着被同伴忽视或拒绝的危险。这点在适应新学校时会表现得尤为明显，当一个人没有朋友或不被周围的人所接纳时，极有可能会导致自尊心低下，这会进一步影响其适应的速度。

在一次考试中，小洁无意外地成了班里的倒数，她被老师要求请来了家长。老师对小洁家长说："一年级所学习的内容还十分简单，如果连这都学不会的话，将来会更难。既然小洁有点儿笨，那父母就多上点儿心，利用课余时间帮孩子多补补课，让她快点儿跟上。"

小洁的父母并不觉得女儿是个笨孩子，她在学习知识的时候只是有点慢而已。为了帮助小洁尽快地适应小学的生活，他们开始利用课余时间帮助小洁学习拼音拼写。

小洁差不多用了一年的时间来适应学校的生活，她的学习成绩不再是班里的倒数，开始徘徊在前十名左右。最重要的是，小洁还交到了两个朋友。

在小升初时，小洁用了很短的时间适应了初中的学习生活。因为小洁就读的初中与小学距离很近，而且班上的同学大多数都是小学同学。

在适应新环境的问题上，小洁在高中时又遇到了这个大麻烦。高中学校距离小洁的家比较远，她必须得选择住校，每个星期才能回家一次。周围全都是陌生的面孔，老师的教学方式也与初中不同。在第一次月考时，小洁考得十分不理想，她还因此被班主任叫到了办公室。班主任认为以小洁的中考成绩，不应该在月考时考得这么差。小洁为此也很愧疚。

当父母得知小洁的月考成绩后并没有吃惊，母亲对小洁说："以我对你学习能力的了解，你一定能出色地掌握高中的课程。但你从小就是这样，在一个新环境中总需要花时间去适应。在高中这所新学校里，你遇到了陌生的同学和与以前完全不同的学习科目。这些在目前看来，的确是不小的困难，但只要你有耐心，你就会渐渐适应，我相信你用不了一个学期，就会再次回到原来的状态。"

不出母亲所料，小洁在第三次月考时已经追上了高中的学习进度，学习成绩开始稳步上升，小洁还交到了几个不错的朋友。

随着年龄的增长，小洁对自身的气质特点有了一定的了解，她开始学着改善自己的个性，从而让自己以自信的姿态去面对所遇到的困难。小洁知道自己是个内向害羞的人，在遇到新的变化时总会不自在，但每当遇到新问题时，她都不会任由自己退缩，她会告诉自己："我的性格虽然害羞内向，但我并不胆小。"

每个儿童在面对日常生活中所出现的新刺激时，会有不同的反应，这种行为差异便是气质。而早期的气质特点会成为一个人性格的重要组成部分。对于慢热型气质儿童而言，他的气质特点就属于难以适应新变化，这从他还是婴儿的时候就会有所表现。他最终会适应出现的新变化，但不是一下子就适应，而是慢慢适应。因此当慢热型气质的儿童出现适应缓慢的情况时，不应该轻易给他扣上迟钝的帽子，他只是需要时间去适应而已。此外，慢热型气质儿童还有不活跃、略显忧郁的特点，因此该气质类型的儿童性格特点会有内向、害羞的一面。

内向的性格并不是一种缺陷，只是一种性格特点而已。在有的文化中，内向的性格似乎并不受欢迎，但在有的文化中，内向、害羞的人却很受欢迎，例如泰国。在泰国的老师看来，内向的学生更听话，他们比较喜欢容易型气质和慢热型气质的孩子。像困难型气质的儿童，在泰国老师看来就是难以管束的，尽管困难型气质的儿童活跃且充满了热情。

由于慢热型气质儿童在面对新变化时很消极，因此父母的引导就变得尤为重要。在针对慢热型气质儿童的引导上，与困难型气质儿童较为相似，但没有那么麻烦。慢热型气质儿童不会像困难型气质儿童那样会让父母陷入一种很尴尬的处境之中，从而需要父母更加耐心地进行引导。例如当面对陌生人的友好拥抱时，困难型气质儿童会大喊大叫，甚至踢打对方；但慢热型气质儿童却只会用扭头的方式来表达自己的不满。

虽然慢热型气质儿童相较于困难型气质儿童更让父母省心省力，但还是不如容易型气质儿童让父母省心。面对慢热型气质儿童，父母需要着重培养孩子的适应能力。

首先，父母得让孩子对新变化产生积极的反应。因为适应能力差，新变化对于慢热型气质儿童来说意味着压力，甚至是焦虑的情绪，想要让这些负面情绪转化为积极的因素，就必须让他从每一次的成功适应中产生成就感。每一次成功适应新变化对于慢热型气质儿童来说都是一次超越，一次次的超越很容易让其产生成就感，并形成高自尊。

其次，在有可能的条件下，让孩子循序渐进地适应新变化，最好让其一次只面对一种或两种新的变化。例如入学，尽量选择让孩子在熟悉的环境中上学，如果周围都是熟悉的小伙伴，孩子能更好、更快地适应新环境。也就是说，要考虑孩子的适应能力，新变化不能超出孩子的适应能力范围。

最后，切忌避免不让孩子面对新变化。新变化是每个人都会遇到的情况，适应能力也是我们生存必备的。有的父母发现孩子在适应新变化时会痛苦和焦虑，就不让孩子去适应新变化。在这种过分保护的氛围中长大，孩子只会越来越抗拒新变化，适应能力也无法得到锻炼。

因材施教——气质与教养的匹配

小张是一名小学四年级的学生，他学习成绩差、性格内向，在班上并不起眼。一个偶然的机会，班主任发现小张的身上有瘀青。有一次，班主任还看到小张的脸蛋上有五个清晰的手指印。小张身上的伤到底是怎么弄的呢？经了解后班主任才知道是家暴所致。

小张的父亲老张是个望子成龙的人，对儿子抱着很大的期望。在小张开始上小学后，老张渐渐发现小张的学习成绩跟不上其他同学。为了让小张跟上班里其他孩子的学习进度，老张开始安排时间亲自教导儿子功课，他希望儿子的学习成绩因此能得到提高。小张的接受能力比较差，刚开始老张还能耐着性子帮助儿子一起查漏补缺。但时间一长，老张的耐心被消磨光了，烦躁、气愤、恨铁不成钢的负面情绪排山倒海而来。从一开始的小责备到破口大骂，最后慢慢演变成了责罚和家暴。这让本来学习成绩差的小张变得更加沮丧。

每对父母都希望自己的孩子能有一个成功、幸福的未来，但这种期待极有可能会成为孩子的压力，甚至会造成亲子关系的冲突。在上述案例中，老张非常希望自己的儿子是个容易型气质的人，能自己处理好学习的问题。但很显然，小张是个慢热型气质的儿童，一直无法适应小学的学习生活。因此老张希望小张学习成绩优异，对于小张来说无异于一种巨大的压力。老张的期望与小张本身所具有的气质特征形成了一种冲突，于是小张就出现了行为障碍，学习成绩一直无法提高。

在成长的过程中，孩子的各项能力一直在不断地提高。于是父母便会提出新的期许与要求，这些对孩子来说便是新的压力。例如对于幼儿园的孩子来说，父母的要求就是好好与小伙伴们玩耍。但到了小学，父母除了希望孩子能与同学搞好关系外，还希望他的学习成绩优异。

来自父母期待的压力并不一定就会造成孩子的行为障碍。如果父母的要求与孩子的气质特点相匹配，那么压力就会不断地激发出孩子的潜力；如果不匹配，压力就只能带来消极的后果。

气质虽然是先天的，但并不意味着不可改变。不可否认的是，气质特点在很大程度上决定了我们每个人的适应能力和性格特点。但如果能得到有益的引导，气质是有可能发生变化的。这种有益的引导便是气质与教养的匹配。像上述案例中的小张，如果老张继续对小张失去耐心并施以暴力，那么小张将会一直保持慢热型气质的特点，自身的缺陷更加明显。具体表现就是性格更加内向、学习成绩更跟不上其他同学。

按照我国法律规定，儿童年龄达到 6 周岁，就要入学接受教育。在如今的社会中，学习对于儿童来说十分重要，这也是绝大多数父母所重视的问题。

芳芳出生在一个知识分子的家庭，从她很小的时候起，父母就开始重视她的学习，尤其是数学，因为她的父亲是某大学数学系的老师。在父亲看来，数学是一门很容易学习且非常重要的学科，芳芳必须得学好。

在小学时，芳芳的数学成绩还是不错的。但到了初中，芳芳的数学成绩开始下降了。原来，芳芳在做题的时候非常仔细，唯恐出现错误，这严重影响了她做题的速度，于是她的数学成绩变得越来越差，渐渐成了班里几个学习成绩不好的学生之一。

芳芳父母给女儿造成了很大的压力，芳芳一直担心自己的数学学不好，渐渐地就对数学产生了焦虑和恐惧，从而导致了注意力不易集中，影响了学习的速度，跟不上老师教学的进度，造成了学习成绩的下滑。

后来，芳芳开始逃学，学习成绩越来越差。父母不仅没有帮助芳芳克服学习上的困难，反而一味地责备芳芳。这使得芳芳成了一个问题儿童。

对于子女，父母总是抱着或高或低的期望。望子成龙、望女成凤是大多数父母所共通的，试图通过孩子来实现自己没有完成的抱负，从而达到证明自己的目的。这些都是正常的心理，但如果期望与孩子本身的气质不匹配，这种期望就成了巨大的思想包袱，会使孩子产生严重的消极情绪。

容易型气质、困难型气质和慢热型气质是常见的三种气质类型。对于大多数父母来说，都希望能有一个容易型气质的孩子，这种孩子就是典型的乖宝宝。容易型气质类型的儿童在样本调查中所占的比例也是最大的，高达40%。而困难型气质是最令父母头疼的儿童，也是最需要父母耐心进行教育的一种气质类型。

面对困难型气质儿童，父母很容易变得愤怒起来，极易通过暴力的方式来教育此种气质类型的儿童，这只会让情况变得更加糟糕。但如果一味地纵容困难型气质儿童，则会培养出一个任性妄为的孩子来。

苏珊是一个13岁少女，她生长在一个健康的家庭中，父亲是一名商人，母亲是一位老师，她还有两个妹妹。苏珊是一个充满了活力的少女，她有许多优点，学习成绩也很优异。但苏珊却没什么朋友，她总是和周围的人轻易地发生争吵，在家里也总是和父母、妹妹们吵来吵去。

在学校里，苏珊的人际交往问题很严重，她控制不住自己的脾气，没有人愿意和一个随时可能发火的人做朋友。为此，苏珊的父母为她转了两次学。起初，苏珊的父母认为是学校不适合女儿，在两次转学后，他们开始意识到是苏珊自己出了问题。

苏珊是个典型的困难型气质的人，她从小在适应问题上就很困难，在情绪表达上总是采用十分激烈的方式。苏珊的父母采取了放任式的教养方式，他们认为既然苏珊的性格天生如此，就没必要做出改变。

随着年龄的增长，苏珊的性格缺点开始暴露了。刚到一个学校时，苏珊那热情如火的性格会轻易得到老师和同学们的喜爱，人们都喜欢和苏珊在一起讨论问题。但时间一长，同学们便发现苏珊是一个固执得可怕的人，常常会因为观点不同与同学发生激烈的争吵。有时候，苏珊甚至会打断老师讲课。

在面对困难型气质儿童时，父母除了要保持耐心外，还要引导儿童学会克制自己的情绪，即学会遵守规则。困难型气质儿童在遇到不如意的情况时，就会大发脾气。因此父母应该引导儿童养成保持冷静的习惯，即不要轻易动怒。

对于困难型气质儿童来说，学会约束和限制自己的消极情绪是十分重要的能力。如果能得到父母正确的引导，困难型气质儿童在青少年时期和成年时期已经看不出他本身所具有的困难型气质了，甚至会被认为是容易型气质。

在上述案例中，苏珊的困难型气质之所以在青春期还一直表现得十分明显，是由于父母放任式的教养方式。除此之外，还有另外一种经常出现的教养方式，也很容易使困难型气质儿童出现行为问题，即暴力的教养方式。

森森是个4岁的男孩，他很爱吃糖果。父母为了限制森森吃糖想了不少办法，但都以森森的哭闹终止。有一天，森森的爸爸又看到儿子在吃糖果，就从儿子手中夺走了糖果，还打了森森的屁股两下以示惩罚。森森立刻哭闹起来，一直持续了很长时间才恢复平静。但这次的惩罚并未取得效果，森森依旧很爱吃糖，还会背着爸爸偷糖吃。

对于困难型气质儿童来说，父母很容易失去耐心，一旦没有了耐心，教养方式就极易向着暴力或惩罚的方向发展。这反而会招来更剧烈的反抗，例如更加严重的哭闹。如果长期使用暴力的教育方式，就会使困难型气质儿童更难控制自己的消极情绪，更容易产生行为问题。

森森的妈妈想到了一个好办法，成功帮助森森改掉了贪吃糖果的毛病。森森的妈妈注意到儿子很喜欢看一部动画片《毛毛和哈利》。这是森森最喜欢观看的一部动画片，每次上演时他都会全神贯注地观看。每一次，森森都会被毛毛和哈利逗得"哈哈"大笑，有时候森森还会模仿毛毛和哈利的动作。

在这部动画片中，有一集是描述吃糖有害牙齿的。剧中的毛毛是个贪吃鬼，很喜欢吃糖果，总是一块接着一块地吃个不停。哈利劝了好几次，毛毛都不听。过了一段时间，毛毛的牙齿开始疼了，原来毛毛的牙齿因为吃糖吃坏了。

这个场景给森森留下了十分深刻的印象。每当森森准备吃糖的时候，他的妈妈就会问："还记得毛毛牙齿是怎么坏的吗？"森森老实地回答道："吃糖吃坏的。"说着，森森就将手缩了回来，从此吃糖的次数减少了许多。

困难型气质虽然是最棘手的一种气质类型，但也有无可比拟的优点，这完全取决于父母的态度。在撒哈拉南部的一个半游牧原始部落里，困难型气质成了最受欢迎的一种气质类型，在该部落的人们看来，困难型气质儿童就是将来强壮的勇士，是部落里最重视培养的一群人。

这些勇士在婴儿时期就十分棘手，哭闹的时间长且声音洪亮，能轻易地吸引父母的注意。在父母看来，这些都是活力的表现，意味着孩子身体健康且强壮。而那些容易型和慢热型气质的婴儿，通常不会用如此激烈的方式表达自己的需求，会被认为是身体素质不好，不会成为部落里的勇士。

在一项调查研究中，研究者发现当该部落遭遇干旱等危机时，最有可能活下来的婴儿都是困难型气质的。当初，研究者在该部落里找到了一些婴儿，并确定了 10 名容易型气质和 10 名困难型气质的婴儿。5 个月后，研究者再次来到这个部落。由于经历了十分严重的干旱，有些家庭已经搬走了。而剩下的家庭中，不少人因为干旱死亡，其中就包括容易型气质的婴儿。除去搬走的家庭，剩下的 7 名容易型气质婴儿中，有 5 名已经死亡；而剩下的 6 名困难型气质婴儿则全都熬过了干旱。

为什么会这样呢？这与父母的态度有关。由于干旱，食物严重短缺，部落里的父母在给孩子们分配食物时，更倾向于困难型气质的婴儿，因为他们能成为将来的勇士，是父母的骄傲。

第三章

性格与亲子关系——生命早期的情感联系

每个人对于生命早期的经历都没有记忆，但这段
经历却会影响一个人一生的发展。而在这段经历中，
母亲是个绝对重要的影响因素，因为生命早期我们每
个人只能与母亲建立起亲密的依恋关系。

活力的丧失——无依恋关系

2016年3月11日中午，杭州乐园的一名工作人员小冯发现了一个四五岁的小男孩，他独自坐在游乐园中，身旁没有大人陪伴。小冯走上前询问情况，小男孩说他是跟着爸爸来游乐园的，但爸爸去上厕所了，之后就一直没有回来。小冯只能利用广播找人，过了很长时间都没人来领小男孩，小冯只好报警。

警方在查看了游乐园内的监控录像后发现了小男孩的爸爸，父子二人一起进入游乐园，父亲手中还拖着一个行李箱。但在两个小时后，该男子就独自离开了，再也没有出现过。于是，警察只好将小男孩带回了派出所，并帮助他寻找亲人。

与许多和父母走散的孩子不同，小男孩没有哭着找妈妈，显得很平静，看到陌生人也不害怕。小男孩的打扮很潮，发型是很可爱的蘑菇头，民警们因此给他起了一个"小蘑菇头"的外号。

为了迅速与小蘑菇头的家人取得联系，杭州警方通过多种渠道散发消息，希望小蘑菇头的家人看到后尽快来派出所带他回家。

最终，小蘑菇头爸爸的身份得到了确认，即带小蘑菇头进入杭州乐园后独自离开的那名男子。该男子名叫小许，31岁，有一个名叫松松的儿子，与小蘑菇头长得很相似。不过小许的电话却一直打不通。

3月14日，派出所来了一名胡姓女子，她声称是小蘑菇头的母亲，她告诉民警自己有两个儿子，大儿子名叫可可，小儿子名叫松松，也就是小蘑菇头，今年还不到 5 岁。胡女士还告诉警方，在松松的左手手腕处有一道疤痕，这是一次医疗事故留下的。胡女士所提供的信息与民警所掌握的信息十分吻合，于是民警就带着胡女士去见松松。

松松见到胡女士后，并不亲热，好像根本不认识她一样。这让民警怀疑起来，难道胡女士是个骗子，来派出所冒领孩子了？胡女士立刻解释道，她真的是松松的妈妈。松松之所以不认识她，是因为他们很长时间没见面了。自从胡女士与小许离婚后，就离开了两个孩子，她再也没见过孩子，直到今日已经两年多了。昨天，胡女士在网上看到了孩子被丢弃在游乐园的新闻，于是立刻赶到了杭州。

胡女士还告诉警方，小许对两个孩子都不错，应该不会做出丢弃孩子的事情来。不过胡女士还向警方提供了一条新线索，她说小许交了一个新女友，姓杜。警方旋即找到了小杜。

小杜告诉警方，她和小许的确是男女朋友的关系，不过在春节前已经分手。在事发前的一天，小杜接到了小许的电话。小许提出要和小杜见面，小杜并不想见小许，但小许的情绪很激动，她担心出意外，就答应与小许见面。在两人见面时，小许是独自一人来的，并没有带孩子。

对于松松这个孩子，小杜说她认识他。在她和小许谈恋爱的时候，就曾带着松松出去玩，松松有时候还会喊她妈妈。对于小许丢弃孩子的行为，小杜表示她很意外，在她印象中小许对孩子很好，不像会做出丢弃孩子这样的事情。

小杜虽然有小许的联系方式，但却打不通小许的电话。胡女士虽然是松松的亲生母亲，但在离婚协议里，松松的抚养权归小许所有，因此警方不能将松松交给胡女士。就在民警为难时，一名姓许的老年男子来到了派出所。

老许自称是松松的爷爷，他是从网上看到了孩子被丢弃的新闻，然后匆匆从香港赶了过来。老许说，他在得知孙子被丢弃的消息时十分生气，立刻给小许打电话，但电话根本打不通，于是他就只能亲自来了。在老许的帮助下，民警终于联系上了小许。

2016 年 3 月 16 日，小许出现在了派出所。但是小许和松松这对父子的反应让许多人都很意外，他们既没有交流，也没有做出亲密的动作，松松对爸爸的态度十分冷淡。

小许对民警说，他丢弃松松完全是临时起意。他与女朋友小杜的感情很好，但最近却出了问题。在他带着松松去游乐园的时候，突然接到了小杜的电话，小杜告诉他自己要结婚了。这个消息对小许的打击很大，他的情绪一下子就崩溃了，于是就丢弃了松松。

对于小许的这番说辞，民警并不相信。在民警看来，小许的丢弃行为是蓄意而为。因为小许是拖着一个行李箱带松松来到了游乐园，而行李箱里都是松松的衣物，没有小许的，很显然小许来游乐园的目的就是丢弃松松。最关键的是，在松松丢失后，小许不仅没有报警和寻找，反而一直回避民警的联系。最终，小许终于承认自己是蓄谋丢弃松松的。

那么小许为什么要这么做呢？原来小许在与胡女士离婚后，他要照顾两个孩子，根本忙不过来。后来小许就请了一个保姆来照顾两个孩子。但到了2014 年年底，小许因为生意失败赔了不少钱，再也请不起保姆了。没了保姆，小许渐渐觉得两个孩子成了负担。

因为没有时间带孩子，小许只能将孩子托付给亲朋好友。小许将大儿子送到大哥家，到了晚上再接回来。至于小儿子松松，小许想到了寄养的办法，将松松寄养在朋友家里，一段时间换一家。

最终，小许因涉嫌遗弃罪被警方刑事拘留。在小许被拘留的这段时间内，松松再次寄养在小许的一个朋友家里。松松的爷爷由于还要回香港工作，因此不能将松松带在身边。

对于幼儿来说，情感依恋是一项十分重要的心理需求。一个人从出生起就能与其他人产生情感上的交流，并对养育者形成情感依恋。通常来说，养育者都是母亲，即幼儿对母亲有着十分强烈的依恋，并能从依恋中获得安全感和快乐。

但是在现实生活中，总有各种各样的原因，导致幼儿无法对母亲产生情感依恋。当然，母亲不是绝对的依恋对象，在幼儿与母亲长期分离的情况下，如果有人能代替母亲成为养育者，那么幼儿就会对这个人产生情感依恋。

如果幼儿没有可依恋的对象，就像上述案例中的松松，频繁地更换监护人，这样会在幼儿的心灵上留下阴影，并影响性格的形成。而且研究表明，许多成年时期出现的心理问题，其根源都来自幼儿时期的心理阴影。

人际关系是每个人都无法逃避的，与他人产生联系也是我们的心理需求之一。在远古时代，我们的祖先选择了群居的生存方式，每个人都受到群体的保护，这使得每个人的生存机会大大增加。为此，孤独成了人们所无法忍受的状态，对人际关系的重视也根深蒂固地存在于我们的本能之中。

如果幼儿无法对养育者产生依恋，那么就会渐渐丧失与人交往的兴趣，会变得以自我为中心，从而影响性格的发展。

心理学家约翰·鲍勃在研究幼儿与母亲的依恋关系时，发现了一个规律，即幼儿在与母亲分离时常常会经历三个阶段。鲍勃的研究对象是一群15~30个月的幼儿，他们因为生病住院接受治疗，为此不得不长期与母亲分离。

当幼儿刚刚与母亲分离时，会表现出极大的反抗，不停地哭叫，期望母亲回到自己的身边。这是第一阶段，即反抗期。

一段时间后，幼儿渐渐意识到母亲是不可能回到自己身边了，于是不再哭叫，开始变得悲伤起来，对周围的一切都表现得十分冷淡，对心爱的玩具也提不起兴趣。这是第二阶段，即绝望期。

渐渐地，幼儿开始玩玩具并对护士产生了兴趣。但是当母亲来探望幼儿时，幼儿的表现十分冷淡。当母亲离开时，幼儿不再会表现出十分激烈的反应。这是第三阶段，即冷漠期。

在上述案例中，松松的情况与儿童冷漠期的表现非常吻合。他在被父亲丢弃时，没有哭叫的反应，很显然，他早就在辗转的寄养经历中切断了与父亲之间的依恋关系。在父亲出现时，松松显得非常冷漠，好像对待一个陌生人一样。

这种早期的依恋关系对于一个人的成长十分重要，是一个人性格形成的必要条件。如果一个人的生命早期无法对一个人形成依恋关系，那么他就会生活在痛苦和绝望之中，这些都会对他的性格造成消极的影响。

依恋关系有许多种，其中最糟糕的一种就是无依恋。顾名思义，幼儿没有对任何一个人产生依恋。这种情况通常出现在一些不健康的家庭中，即父母忽视或虐待孩子。此外，在孤儿院这种情况也十分普遍。

在 20 世纪 40 年代，欧洲一些国家的孤儿院内，幼儿们无法对养育者形成依恋。孤儿院内的工作人员每天要负责大量的工作，平均每个人要照顾十几个幼儿，根本没时间与幼儿发展情感上的依恋关系，只能做到给幼儿洗澡、换尿布和喂奶等基本工作。

起初这些幼儿会和正常幼儿一样，渴望能与养育者互动，会做出微笑等表示友好的动作，有时也会用哭叫来引起养育者的注意。但这些都没有得到养育者的回应，渐渐地幼儿的行为开始变得不正常起来。

长时间生活在孤儿院的幼儿，就好像一个没有生命的玩偶一样，一点儿孩子该有的活力都没有，整个人显得呆呆的，不会主动与周围的人产生互动，显得十分忧郁。当一个人主动接近他时，他会有一点点的反应和活力。可一旦没人主动与他互动，他就会重新变得呆若木鸡。

在这种无依恋状态下长大的幼儿，会出现许多问题。在其年幼时期，行为问题并不显著，主要表现有进食障碍和生理问题。但随着年龄的增长，行为问题变得越来越严重，与正常人相比，他们的智商更低、语言技能差、攻击性强、不合群、难以与他人相处。

对于孤儿院的孩子来说，如果能尽早被人收养，那么就能渐渐从无依恋的阴影中走出来，并与养父母建立正常的依恋关系。如果一个幼儿在孤儿院里待的时间超过了三年，那么他即使被收养了，也很难与养父母建立起正常的依恋关系。由于无法与养父母进行安全的互动，此类幼儿长大后，性格更孤僻，很难交到朋友，还会经常惹麻烦。

第二次世界大战结束后，罗马尼亚由于经济低迷、人口锐减，政府开始鼓励人们生育，并且规定每个育龄妇女至少要生 4 个孩子。过多的孩子势必会给家庭带来沉重的负担，许多家庭便选择将孩子送到政府出资的国家教养院，在这里接受批量抚养，这里的孩子也因此过早地进入了集体生活。

教养院的生活与孤儿院无异，20~30 个人共同生活在一个房间里，一个工作人员要同时照顾 10~20 个幼儿，每个孩子都生活在无依恋的状态中。这些孩子长大后都出现了行为异常，无法与人交流，总是独自坐在角落里，甚至会出现像自闭症一样的某种刻板行为，如不停地前后摇晃。

1990 年，罗马尼亚的政治和社会转型后，教养院里的许多孩子都被美国、英国和加拿大的家庭领养。在领养的家庭里，这些孩子出现了许多行为问题，并引起了人们的注意。在美国，一部分孩子被送到了底特律儿童医院接受大脑断层扫描，结果发现他们的大脑发育与正常人不同，海马回和杏仁核等许多部位都不正常。这说明，无依恋会导致情感发育不良，并会直接影响大脑的发育，从而造成病理性的改变。这种病理性的改变是不可逆的，就好像一个人在长身体的时候营养不足，无法长高。一旦错过了这个黄金期，以后即使营养再充足，也无法长高了。

像孤儿院、教养院这种情况，在现如今的生活中很少见了。但随着时代的发展，生活节奏越来越快，这意味着年轻的父母没有时间去照料孩子，于是寄宿现象出现了。现在许多幼儿园都是全托制的，父母将孩子送到幼儿园，一周接一次或两周接一次。这些全托制的幼儿园因为收费不菲，软硬件条件都很好，父母对幼儿园也很满意，甚至会觉得幼儿园的条件比家里还好。但实际上，这种全托制的幼儿园与孤儿院的生活十分相似，孩子无法在情感上产生正常的、安全的依恋。也就是说，在全托制幼儿园的孩子相当于半个孤儿。

圆圆在 3 岁的时候就被送到了全托制的幼儿园，这是一个非常著名的幼儿园，他的父母也很满意。圆圆的父母觉得在这样的幼儿园里能尽早培养孩子独立的个性，圆圆在幼儿园学会了自己洗袜子和内裤，吃饭、睡觉都不用父母操心，看起来比之前要乖许多。

同时，圆圆的父母也注意到他不如原来那么活泼了，也不会主动表达自己的需求。有一次，圆圆跟着父母去参加一个聚会。聚会上都是圆圆父母的好朋友，还有另外两个小朋友，与圆圆同岁。这两个小朋友在相熟后，就跑到旁边的沙发上去玩。圆圆的父母也鼓励孩子去和小朋友玩，但圆圆拒绝了，一脸不高兴地坐在那里。后来他便爬到妈妈怀里，搂着妈妈不撒手，看起来又忧郁又烦躁。因为圆圆的内心有十分强烈的委屈感和不安全感，而这些与他在全托制的幼儿园的经历是分不开的。

我们常常听到这样一句话："这个世界上所有的爱都以团圆为最终目的，只有一种爱以分离为目的，那就是父母对孩子的爱。"因此父母真正成功的爱，就是让孩子尽早成为一个独立的个体。但独立不应该在生命早期就过早进行，对于幼儿而言，依恋是一种十分重要的心理需求。

　　一个人如果过早地离开父母独立生活，那么势必会给他的心灵造成难以弥补的创伤。这种创伤程度相当于成人失去至亲时的痛苦感受。

舒适与快乐——互惠依恋

小静是个女强人，她自从结婚后，就一直被婆婆催着生孩子。但在小静看来，孩子就是大麻烦，她实在想不通为什么大多数的父母都会对一个流着口水、不停哭叫、不能自理的婴儿投入那么多的感情。但是当小静意外怀孕生子后，她的看法改变了。她每天下班的第一件事情就是回家看孩子。

有一次，孩子好几天都没排便，小静十分担心。后来，小静就按照婆婆的建议给孩子抠大便，以帮助孩子排便。当小静的闺密知道这件事情后十分吃惊："真是想不到，你这个有洁癖的人，居然会去做这样的事情！"小静一脸坦然："这有什么，让我为宝宝做任何事，都是义不容辞的！"

依恋关系对于婴幼儿来说十分重要。因为对母亲的依恋不仅意味着生存，同时也是一种心理需求。但人们往往会忽视一点，即这种母婴依恋是相互的，是一种互惠的关系，不论是婴幼儿还是母亲，都能从这种互惠依恋中体验到舒适和快乐。这也就是为什么小静会有这么大的转变的原因所在。

对于一对正常的夫妇来说，他们会对孩子的到来充满了期待。在母亲怀孕期间，不论是父亲还是母亲都会幸福地讨论着孩子的将来。当母亲第一次感到胎动的时候，会产生一种惊喜的感受，母亲也十分乐意与父亲分享这种喜悦。

当孩子诞生后，父母亲都会期望着能与新生儿产生亲密的接触，尤其是母亲。这种亲密的接触主要表现在皮肤与皮肤的接触上。在亲密接触的过程中，新生儿会迅速地与母亲建立起情感上的连接，这有助于互惠依恋关系的产生。

对于新生儿而言，依恋情感的建立有一个敏感期。这个敏感期主要是指出生后的几个小时。如果母亲能在敏感期内与新生儿产生亲密的接触，那么就会建立起依恋关系，这种依恋关系十分强烈且持久，远远超过后来所建立的依恋关系。因此，每个母亲一定要牢牢把握住这个敏感期。

当然敏感期也不是绝对的，依恋关系需要慢慢建立。例如在不少收养家庭中，养父母和养子女之间虽然错过了敏感期，但也能建立起互惠依恋的关系。

在互惠依恋关系中，双方之间的互动变得尤为重要。对于婴儿来说，母亲的反馈十分重要。婴儿通常会对母亲报以微笑，如果母亲回馈给婴儿微笑，那么婴儿就会很开心。如果母亲总是面无表情地看着婴儿的微笑，对婴儿所发出的积极信号无动于衷，那么婴儿的微笑就会消失，会伤心地哭泣起来。

随着年龄的增长，母亲与幼儿之间的互动变得越来越频繁，双方也越来越能从互动中感受到快乐和舒适。互动的方式有很多，其中游戏是十分常见的。

当母亲与幼儿做游戏的时候，一定要细心留意幼儿的反应。如果幼儿表现得十分活跃，那么游戏就能继续；如果幼儿突然平静下来，那么就说明他累了，需要休息一会儿，如果母亲继续与他做游戏，就会让他觉得痛苦，他会拒绝母亲的互动要求。

互惠依恋属于安全型的依恋关系，不仅母亲能从这种依恋中体验到快乐，婴儿也能从中感到安全。当婴儿面对陌生环境时，常常会觉得焦虑和恐惧，但如果母亲在身边，那么他就会得到安慰，不再那么焦虑和害怕了。

悲伤的"安静脸"——慢性抑郁的母亲

李某有一个 7 岁的儿子，她在 2014 年下半年辞职回家休息，此时的李某已经被精神焦虑折磨了很久，她想要自杀，想了许多自杀的方法，像跳楼、跳海、吃药等，李某甚至想通过杀人来结束自己的生命，因为这样法院就会判处她死刑。回到娘家休养期间，她还专门到医院做了检查，但检查的结果显示她的身体很健康，但精神方面却患有癔症。

2015 年 2 月 1 日，李某的儿子小浩放假了，爸爸让小浩到姥姥家陪妈妈。在 2 月 2 日的上午 8 点多，李某让小浩按照她制定的作息表进行学习，但小浩不肯，他想继续看电视和玩手机。于是小浩就不停地吵闹，李某觉得儿子太闹腾了，就用绳子捆住小浩的双脚，将小浩按倒在床上，并用透明胶布封住了小浩的口鼻，还用被子盖住了小浩。小浩一直不停地反抗，李某就用力按住小浩的身体阻止他继续反抗，直到小浩不再动弹后，李某才放开，然后倒在一旁睡着了。

等李某醒来后发现小浩已经没有了气息，不久李某的父亲、妹妹以及妹夫来到了现场。此时房门已经被李某反锁住了，父亲只能拿出钥匙将门打开，看到房间内的情景后，他们立刻拨打了报警电话，而小浩在送往医院的途中经抢救无效死亡。

在现实生活中，像上述案例中这种极端的状况是很少见的，但是母亲患抑郁症的情况却很常见，尤其是慢性抑郁。抑郁的父母很难与孩子建立起亲密的依恋关系，因为他们常常对孩子所发出的积极信号无动于衷，渐渐地孩子也会变得抑郁起来。

每个人对于生命早期的经历都没有记忆，但这段经历却会影响一个人一生的发展。而在这段经历中，母亲是个绝对重要的影响因素，因为生命早期我们每个人只能与母亲建立起亲密的依恋关系。

加利福尼亚大学洛杉矶分校精神病学和生物行为学院的教授斯霍勒博士认为，婴儿在出生前就已经建立了一套情绪机制，但他们并不会管理自己的情绪，他们需要从与养育者的互动中掌握这项能力。因此，对于婴儿而言，养育者就变得尤为重要，当婴儿学会管理自己的情绪后，也就产生了自我认识。

曼彻斯特大学心理学教授埃德·特洛尼克曾经做过一个安静脸实验。在这项实验中，母亲最初会按照特洛尼克的要求与孩子进行互动，孩子会显得很开心。然后特洛尼克就要求母亲一直保持安静脸，即面无表情的样子，无论孩子怎样表现，母亲都必须毫无反应。

在实验刚开始时，孩子就发现了母亲的不对劲，于是开始用微笑等友好性动作来与母亲互动，想要引起母亲的注意，但母亲依旧是安静脸。于是孩子继续尝试着与母亲互动，母亲还是面无表情，最终孩子忍不住崩溃大哭起来。

虽然参加实验的孩子年龄都很小，无法用语言来表达自己的感受，但从他们的种种反应中我们可以想象他们当时的心境："为什么妈妈对我的微笑毫无反应呢？真是太糟糕了！我是不是做错了什么？为什么妈妈不给我一个笑脸呢？"

对于儿童而言，他们常常会把得不到母亲关爱的责任揽到自己身上，认为是自己的错，或者直接认为自己不配得到母亲的爱，从而会导致抑郁情绪的出现。

林恩·默里教授对 100 名母亲进行了 16 年的跟踪调查，其中有 58 名母亲出现了产后抑郁的症状。当这 100 名母亲的孩子长到 18 个月、5 岁、8 岁、13 岁和 16 岁时，默里会对这些母亲与孩子的精神状况进行测试，以观察母亲的抑郁是否会影响孩子。通过调查研究默里发现，如果母亲患有抑郁症，那么孩子将来患有抑郁症的概率将会大大增加。

在一个人出生后的两年内，他的大脑发育进入一个黄金期，大脑神经元会成倍增长，从而形成属于自己特定的精神结构。这个时期，母亲的作用非常重要。如果一个母亲患有慢性抑郁，那么她将无法解读婴儿的面部表情和肢体语言，对孩子会显得很冷漠，就好像安静脸实验中的表现一样。

在安静脸的实验中，当孩子的微笑只换来了母亲的面无表情后，孩子出现心跳加速、体内压力激素增加的情况。这只是一项实验，在实验过后母亲会立刻恢复正常，并与孩子积极互动。但在现实生活中，慢性抑郁的母亲会长期保持安静脸、忽视甚至虐待孩子。孩子会在一次次渴望互动的过程中，渐渐产生羞耻感，于是便出现了自我安抚的动作，例如吃手指或用手抓自己。

这种积极情感得不到回应的痛苦感受，不仅儿童无法承受，就连成年人也难以承受，因为这意味着自己的真情得不到回应。有一个男人在追求自己心仪的姑娘前，曾信誓旦旦地对兄弟说，他一定会排除千难万险将女神追到手。但没过多长时间，男人就放弃了，他的每一次友好请求都得不到回应。每当他给姑娘发微信想聊天的时候，姑娘就会回他一句话："你有事吗？"渐渐地，男人就放弃了，他对兄弟说，他最讨厌看到这句话，比打他一巴掌还难受，好像自己没事就不能找她聊天了一样。

在恋爱关系中，一个人之所以会长时间地追求另外一个人，与对方给他的积极回应是分不开的。如果对方的反应一直是冷冰冰的，好像是捂不热的石头一样，那么追求者很快就会放弃。

这种相似的场景还出现在俄国作家列夫·托尔斯泰的小说《安娜·卡列尼

娜》中。安娜的情人沃伦斯基是个很冷漠的人，当他们在舞池里跳舞的时候，安娜觉得自己爱沃伦斯基，而沃伦斯基也爱自己，安娜一直用充满爱意的目光直视着沃伦斯基。如果这时，沃伦斯基能回应一下安娜的目光，那么安娜的幸福感一定会爆棚。但沃伦斯基却面无表情，他没有给出任何回应，这让安娜觉得非常心痛，并产生了羞耻感。

　　慢性抑郁的母亲除了会给孩子带来痛苦的感受外，还可能将抑郁的情绪传染给孩子。英国雷丁大学一项新研究发现，如果母亲曾有过产后抑郁，那么41.5% 的孩子在长到 16 岁时会出现抑郁症的症状。为什么会这样呢？因为儿童无法对患有抑郁症的母亲产生安全依恋，即无法从母亲这里获得安全感。

情感上的不安全——缺乏敏感性

英国发展心理学家约翰·鲍比提出了著名的依恋理论，在他看来，生命早期的依恋会影响一个人一生的性格发展。他的学生玛丽·爱因斯沃斯在之后的研究中取得了重大进展，并提出了一个新的依恋理论，即依恋的安全性。

在爱因斯沃斯看来，个体之间的依恋关系之所以会存在差异，是源于依恋的安全性或不安全性。为了验证这个猜想，爱因斯沃斯设计了陌生情境实验，用来测试 1 岁婴儿对母亲依恋的安全性。

爱因斯沃斯为参加实验的母亲们和儿童们准备了一个房间，房间很舒适，还有一些玩具。接下来，儿童们将会面临不同的情境。

第一种情境是实验组织者向母亲和儿童介绍实验室，然后离开；第二种情境是儿童在母亲的陪伴下在实验室内玩游戏；第三种情境是陌生人进入实验室，并与母亲交谈；第四种情境是母亲离开实验室，留下儿童与陌生人相处；第五种情境是母亲回来，并安抚儿童，陌生人离开；第六种情境是母亲离开实验室，儿童独处；第七种情境是陌生人再次进入实验室，并安抚儿童；第八种情境是母亲再次回来，安抚儿童，并尝试着与儿童一起玩玩具。

在这些情境中，有三类情境是最重要的。在第二种情境中，环境虽然是陌生的，意味着不安全，但由于有母亲的陪伴，儿童的不安全感会削弱许多。如果儿童对母亲的依恋是安全的，那么他就能尽快适应陌生的环境，并开始自由探索，即玩玩具。在第四种和第七种情境中，母亲离开，儿童与陌生人独处。对于儿童来说，陌生人是一个未知的威胁，会使其产生压力。儿童对陌生人友好安抚的接受能力也可以测验出他依恋关系的安全性。在第五种和第八种情境中，母亲回来，这是儿童与母亲重聚的时刻，儿童对母亲的反应会有所不同。

爱因斯沃斯通过观察实验儿童在这些情境中的反应，将儿童对母亲的依恋关系划分为四种，即安全型依恋、拒绝型依恋、回避型依恋和混乱型依恋。

安全型依恋，是这四种依恋关系中最健康的一种，大约占样本的 65%。在此种依恋关系中，母亲会给儿童带来心灵上的安抚，儿童在母亲的陪伴下，能尽快适应陌生环境，并与陌生人进行友好互动。当母亲离开时，儿童会焦躁不安，有典型的分离焦虑。可是当母亲回来时，儿童就会十分高兴，并与母亲产生身体接触。

拒绝型依恋，是一种不安全的依恋关系，大约占样本的 10%。儿童虽然有母亲的陪伴，但紧紧地与母亲挨在一起，很少会主动探索陌生环境，面对陌生人的友好互动也充满了警惕。当与母亲重聚时，儿童会产生矛盾的行为，既渴望与母亲靠近，又拒绝与母亲产生身体上的接触。这说明儿童此刻的心理是矛盾的，对母亲归来感到高兴，但又很生气母亲的离开行为。

回避型依恋，也是一种不安全的依恋关系，大约占样本的 20%。儿童与母亲的关系显得很冷淡，不会出现亲密的互动，当母亲离开时，也不会表现出分离焦虑。儿童能与陌生人进行交流，但有时会显得很冷淡。

混乱型依恋，是最不安全的一种依恋关系，大约占样本的 5%。所谓混乱型依恋，就是指拒绝型依恋和回避型依恋的结合。在与母亲重聚时，儿童可能会显得很冷淡；也可能想靠近母亲，但当母亲主动与儿童接近时，儿童却会跑开。

在这项实验研究中，参与实验儿童的年龄只有 1 岁，他们在这么小的年龄段所体现出的不同依恋类型会影响他们长大后的性格发展吗？一项追踪调查研究的结果或许就是最好的答案。

在这项调查研究中，研究者对一些儿童测量了他们的依恋类型，这些儿童只有 15 个月大。等这些儿童长到三岁半时，已经到了上幼儿园的年龄，研究者对他们进行观察。结果发现，那些能与母亲形成安全依恋的儿童在幼儿园里最受小伙伴们欢迎，而且学习能力也很不错。相反，那些没有与母亲形成安全依恋的儿童在幼儿园性格很不讨喜，在加入其他小伙伴的游戏时显得非常被动，基本上没有什么朋友，学习能力也很差，他们好像对学习一点儿兴趣也没有。

当这些儿童长到十一二岁时，研究者再次对他们进行了观察，这次研究者是在他们参加夏令营活动时进行观察的。研究者发现，那些安全依恋的儿童在成长到青少年阶段时，性格依旧很受欢迎，他们有很多朋友，社会交往技能也比较强。而那些没有形成安全依恋的儿童在成长为青少年时，出现了许多行为问题，没什么朋友、不遵守纪律、缺乏迎接挑战的热情等。

又过了几年，当这些儿童长到十五六岁时，研究者再次对他们进行了观察，结果这次得出了与上次相同的结论。

这项调查研究说明，依恋关系对一个人性格形成十分重要，甚至会影响一个人的一生。其实在儿童身上表现出的依恋类型，在成年后也会有所显现。不同成年人也有不同的依恋类型，而依恋关系同样可以体现出一个人的性格。

安全型，此类成年人很容易与他人产生亲密的关系，能安心地依赖他人，也给他人带来安全感，不会担心被人抛弃，也不担心与他人关系太过亲密。大约有 60% 的人属于安全型依恋。

回避型，此类成年人很难与他人产生亲密的关系，当与人关系密切时，他会有紧张和不自在的感觉，并且很难相信和依靠他人。大约有 20% 的人属于回避型依恋。

焦虑矛盾型，此类成年人想要与他人产生亲密的关系，尤其渴望有一个亲密的伴侣，但却常常担心别人不想与自己在一起，甚至会吓跑别人。大约有

20% 的人属于焦虑矛盾型依恋。

既然一个人童年时期的依恋类型会影响他之后性格的发展，那么是否可以避免不安全依恋关系的形成呢？很难，因为这与养育者的性格是密切相关的。

在安全依恋关系中，母亲的敏感性很高，她能敏锐地感受到孩子的需要，并且给出积极的反应，还能与孩子形成良性的互动。

在拒绝型依恋关系中，母亲往往容易感情用事，即不会合理控制自己的消极情绪。高兴的时候能与孩子进行亲密互动，不高兴时就置之不理。在这样的养育者的照料下，孩子会产生许多矛盾的行为，会通过纠缠、哭喊等方式来吸引母亲的注意，当母亲无所回应时，他们就会显得很生气。

在回避型依恋关系中，母亲往往走向两个极端。其中一个极端总是以消极的状态去面对孩子，无法形成积极的母婴互动关系，因此孩子会觉得母亲不喜欢他，于是就产生了回避型的依恋关系；另一个极端即过度关注孩子，总是给孩子以积极的刺激，当孩子表现出疲惫时，也不会停止。因此孩子会难以承受这种过度热情的母亲，从而表现出了回避的状态。

在混乱型的依恋关系中，儿童极有可能是遭遇了忽视和虐待，从而对母亲产生了一种畸形的依恋，不知道是该靠近养育者还是远离养育者。这种母亲常常缺乏敏感性。

当混乱型依恋关系的儿童长大后也极有可能成为缺乏敏感性的养育者。一个在童年期被忽视或虐待的人长大后，为了避免悲剧的重演，在有孩子之前，会暗暗发誓一定要好好对待自己的孩子。但在照料孩子的过程中，总会遇到一些棘手的问题，例如哭闹、发脾气的婴儿，这些都是很常见的问题。但在缺乏敏感性的养育者眼中，却是很严重的问题，感觉自己被孩子拒绝了，尤其是当婴儿显得漫不经心时，这种被拒绝的感受会更加明显。渐渐地，缺乏敏感性的养育者就会开始忽视或虐待自己的孩子。

　　小饰和洋子是一对双胞胎姐妹，外貌相似，但谁都能轻易分辨出她们。小饰不仅得到了母亲所有的爱，在学校也很受欢迎，她穿着干净漂亮的衣服，每天都十分快乐；但洋子却显得脏兮兮的，头发也很蓬乱，她的性格很令母亲讨厌，总是给人一种沉默而忧郁的感觉。

　　从洋子记事起，她就遭到了母亲的虐待。洋子的住处被安排在垃圾桶旁边，只有一床小褥子，每天只能吃小饰剩下的残羹冷炙。洋子还总是遭受母亲的毒打，母亲稍不顺心就会拿洋子撒气。

　　母亲的性格与洋子很相似，都不擅长与他人交往，虽然在洋子面前显得很恶毒，但在外面却非常沉默。每当母亲在外面受气后，都会回家对洋子拳打脚踢，还威胁洋子，说总有一天会杀了她。

　　一天，洋子在回家的路上遇到了一条没有主人的小狗，小狗的脖子上有个项圈。这时，洋子突然想起了之前看到的寻狗启事，觉得眼前的这条小狗就是走失的阿索。于是洋子就抱着阿索按照寻狗启事的地址来到了一栋独立小楼前。这里居住着一个老人，名叫铃木美津子，她就是阿索的主人。

　　美津子为了感谢洋子，就请洋子进入家里喝茶吃点心。美津子是个孤独的老人，她虽然有一个和洋子一样大的外孙女，但却很少见面。渐渐地，洋子和美津子成了朋友。在一次交谈中，洋子告诉美津子她有一个双胞胎妹妹，姐妹二人的相貌虽然相同，但性格却天差地别，妹妹的性格很受欢迎，她的性格却很让人讨厌。美津子听完沉默了一会儿，然后说，那也是有原因的，并鼓励洋子要努力做出改变。在临别前，美津子还送给了洋子一件礼物，一把家里的钥匙，洋子还从美津子这里借走了一本小说《小王子》。

　　回到家后，母亲发现了《小王子》这本书，并质问洋子是不是偷来的，还不停地用书殴打洋子，最终将书没收了。

在书里有洋子十分珍视的礼物，也就是美津子送给她的那把钥匙。最终洋子决定趁着母亲不在家时，偷偷将书里的钥匙拿走。

洋子在拿走钥匙还没来得及走出母亲的房间时，突然听到了门响，于是赶紧躲到了床底下。走进来的是小饰，她在找一张CD，之前她曾向母亲借这张CD，母亲没有同意。小饰在翻找CD的时候，不小心打翻了桌子上的花瓶，花瓶里的水都流在了笔记本电脑上。这下小饰闯下了大祸，笔记本是母亲的工作工具，平时十分爱惜，如果让母亲发现，一定会受到十分严重的责罚。就在小饰非常担心的时候，她突然看到了那本《小王子》，她决定将这一切全都嫁祸到洋子身上。但她不知道的是，洋子在床底下目睹了这一切。

等小饰离开房间后，洋子立刻从床底下爬了出来，她决定不再坐以待毙，于是就去找美津子。当洋子到美津子的家门口时，发现美津子已经中风死了。洋子虽然很震惊，但最后还是带着没人要的小狗阿索离开了。这一次，洋子决定做出改变，不然她一定会被母亲杀死，并被伪造成自杀的样子。

洋子找到了小饰，并告诉她，母亲已经知道是谁将笔记本弄湿了。小饰显得很害怕，洋子便提出两人交换身份，代替小饰受罚的建议。小饰答应了，最终两人互换了衣服，还相约要装成对方的样子。

扮成洋子的小饰先回了家，洋子则待在楼下等着。不一会儿，洋子听到了重物砸地的声音，原来扮成洋子的小饰从楼上"摔"了下来。

这是一个电影故事，电影的名字就叫《小饰与洋子》。对于洋子的遭遇，许多人很不理解，她的母亲怎么能下如此狠手，毕竟洋子和小饰一样都是她的女儿。洋子的母亲为什么会虐待自己的女儿？为什么会对一对双胞胎女儿区别对待呢？电影中做出了解释。

洋子的母亲是未婚怀孕，因此遭受了不少白眼，她的压力很大。研究显示，意外怀孕和不想要孩子的成人很容易成为缺乏敏感性的养育者，即容易忽视和虐待孩子。洋子也曾想象着如果父亲与她们一起生活，自己的境遇或许会好很多。

此外，电影中还提及洋子的性格与母亲的性格非常相似，都不受欢迎。在洋子母亲怀孕期间，她不仅没有丈夫的支持，就连亲朋好友的支持也没有。由此可以想象，洋子的母亲在童年时期也遭受了忽视或虐待，于是就形成了不受欢迎的性格，很难与他人相处。研究表示，如果一个人在生命早期与母亲形成了混乱型的依恋关系，那么他的性格很难受人欢迎，更容易发脾气，甚至会出现反社会行为。

洋子的母亲是个单亲妈妈，独自一人抚养着两个女儿，这种压力可想而知。我们常常听到这样一种说法，即单亲家庭长大的孩子容易出现性格问题。许多人尤其是单亲家庭长大的孩子都对这样的说法充满了质疑，并认为这是对单亲家庭的歧视。但这种说法的背后有一定的道理。研究表示，一个养育者之所以会缺乏敏感性，与他所面临的经济状况有很大的关系。对于单亲家庭而言，尤其是单亲妈妈，常常面临着经济困难等社会压力，很容易成为缺乏敏感性的养育者。

被遗忘的父亲——游戏伙伴

美国有一个名叫乔治·曼斯尔的海员，他在儿子刚出生不久便出海远航了。3 年后，乔治结束远航回到家中，此时他的儿子已经 3 岁了。乔治惊奇地发现，儿子没有一个正常儿童该有的天真活泼，不仅很自卑、性格孤僻，而且行为举止怪异，小朋友都不喜欢和他一起玩。

乔治的儿子为什么会出现这种问题呢？这与乔治的 3 年出海远航是分不开的，他的儿子由于长期缺少父爱，所以便出现了以上的问题，这种症状被称为"缺乏父爱综合征"。不少缺乏父爱的孩子还会出现哭闹、易惊、烦躁、抑郁、多愁善感等症状。

在一个人早年的成长过程中，父亲往往是被遗忘的家庭角色，他的存在更像是一个符号。在绝大多数人看来，父亲的家庭责任就是挣钱养家，而教育孩子则是母亲的责任，像这样男主外女主内的传统观念在许多人的心中都是根深蒂固的。但研究表明，父亲对孩子性格的影响是巨大的，尤其是男孩。研究显示，男孩更容易患上缺乏父爱综合征，概率是女孩的一倍。

宁宁是个男孩，出生在一个典型的男主外女主内的家庭中，宁宁的爸爸在外挣钱养家，宁宁的妈妈是个全职家庭主妇，除了料理家务外，主要的任务就是照顾宁宁。可能是照顾宁宁太辛苦，宁宁妈妈就给他定下了许多规矩，在外玩耍时，从来不会让宁宁玩一些摸爬滚打的游戏，担心他弄脏衣服和鞋子，给自己带来更多繁杂的家务。

宁宁爸爸每天晚上都会回家，但很少会和宁宁玩游戏，他是个典型的大男子主义的父亲，觉得带孩子就是女人的任务，他只需要负责挣钱养家就可以了，而且宁宁爸爸每天上班都很辛苦，每天回到家就只想看看电视然后睡觉。对于宁宁来说，爸爸和邻居家的叔叔没什么区别，只是偶尔逗宁宁玩一会儿，因此宁宁从来不会主动找爸爸玩。

渐渐地，宁宁就变得扭扭捏捏起来，根本不像一个小男孩，而且十分胆怯，不敢主动与人交流，也很少参与到其他小朋友的游戏中。对于宁宁来说，他的成长环境中缺乏男性的典范供他模仿，即缺乏男孩成长中应有的"野性"环境。虽然宁宁长得虎头虎脑的，但实际上一点男子气也没有。

等宁宁到了上幼儿园的年纪后，他的性格缺点开始暴露出来。他在幼儿园没什么朋友，当别的小朋友都在玩游戏的时候，他只会独自一人待着，他不敢参与其中。有一次，宁宁很想滑滑梯，因为其他的小朋友都在玩，而且玩得热火朝天。但宁宁根本不敢滑，一直胆怯地站在一边。来接宁宁回家的妈妈看到后，就走到滑梯边鼓励宁宁。但宁宁一直在一边等其他小朋友先滑，好不容易等到没人滑了，宁宁开始小心翼翼地往下蹲，这时旁边突然钻出来一个小姑娘，先滑了下去，宁宁立刻缩到一边，继续等待。宁宁妈妈只能继续鼓励："宁宁快滑下来，不要害怕，有妈妈在下面接着你呢。"宁宁看了看妈妈，伸出了左脚，缩回来，再伸出右脚，再缩回来，最后也没能从滑梯上滑下来。

像宁宁这样的男孩在现代社会并不少见，不少男孩都缺乏男子气概，显得有点女人气，常常被我们称为娘娘腔。在现代社会中，生活节奏越来越快、竞争与日俱增，绝大多数的父亲由于工作关系，很少与孩子接触。许多父亲在家庭教育中往往是形同虚设的，这种现象也因此被称为丧偶式教育。

因此在一些男孩的成长过程中，他们的周围没什么成年男性，完全被女性所包围，例如母亲和女老师。于是在他们的性格形成过程中，男子气概就成了最稀缺的元素，在长大后很容易成为女子气过重的娘娘腔，缺乏男性应该有的独立性和果断性，甚至可能产生性别认同障碍。除了娘娘腔外，有些男孩还会走向另一个极端，即变成一个喜欢使用暴力的危险男人。

对于男孩来说，父亲不仅是他所仰慕的成年男性，还是他心目中的英雄。不少男孩在成长过程中都会无意识地模仿父亲，例如说话的语调、走路的姿势，等等。也就是说，父亲的一举一动都在潜移默化地影响着男孩的性格。

父爱缺乏综合征的男孩的性格特点主要包括：胆小、容易害羞、沮丧、自暴自弃、不求上进、少言寡语、喜怒无常、急躁冲动、感情冷漠。在其长大后很容易出现许多行为问题，例如逃学、离家出走、偷盗、喜好使用暴力，也很容易走上犯罪道路。

美国父道组织的调查数据显示，70%的少年犯来自单亲家庭。而且美国50%的强奸犯、72%的少年凶杀犯、70%的长期服役犯在其成长过程中都没有父亲的存在。调查还显示，90%的无家可归和离家出走的孩子、戒毒中心75%的青少年都来自无父家庭。这些数据充分说明，在缺乏父爱的环境下长大的男孩更容易成长为一个危险的男人。

对于男孩来说，控制自己的情绪是一项十分重要的能力，需要在父亲的指导和带领下学习。如果没有父亲的教育，男孩在长大后会因为所遭受的挫折而无法应对自己的挫败感，从而出现暴力行为和各种反社会行为。

在一个人幼年时期，母亲的重要作用不言而喻，一个人能与母亲形成安全依恋关系是十分重要的，但仅仅如此是远远不够的，对父亲的安全依恋也十分重要。研究显示，一个人如果能在入学前对父母双方形成安全依恋，那么他就能更好地克服入学时所遇到的困难，较少出现焦虑和社交退缩行为。

如果儿童能与父亲形成安全依恋，那么在情绪控制、人际交往上都会有不错的表现，出现的问题行为也较少。当他进入青春期后，也很少会出现叛逆行为。既然父亲如此重要，那么对于单亲母亲来说，该如何解决这个问题呢?

小王是个单亲母亲，她在儿子4岁的时候就与丈夫离婚了。从那以后，小王就开始和儿子相依为命，她从来不会轻易让儿子见父亲。当儿子长到8岁时，小王开始发现儿子很胆小、缺乏自信，常常无法控制自己的情绪，会因为一点小事痛哭不已。

小王虽然与丈夫离婚了，但她没有权利剥夺儿子享受父爱。其实孩子如果能与父亲建立起安全、支持性的联系，那么即使父亲离开了家，孩子也不会患上父爱缺乏综合征。而且德、日两国的儿童心理疾病治疗专家在对两国的3000多名少年儿童的一项专题调查中发现，缺乏父爱的年龄越小，越容易患上父爱缺乏综合征。因此，父亲应该从孩子小时候起就与其建立起安全依恋。

小陈是个美丽的姑娘，在一家公司上班，但她在公司里却没什么朋友，像她这样性格孤僻的人，很少有人主动找她做朋友，小陈也从来不会主动与人交流。为此，同事们给她起了一个"冰雪美人"的外号。

在小陈很小的时候，她的父母就离异了，她跟着妈妈过。单亲母亲不容易，妈妈每次心情不好的时候都会借酒浇愁。看到妈妈喝得酩酊大醉，小陈就开始痛恨自己，觉得自己是妈妈的累赘。

长大之后，小陈开始对爱情充满向往。但在小陈接连交了三任男友后，她渐渐开始觉得自己有问题了，但她想不出问题到底出在哪里。每一段恋情小陈都会全心全意地对待，但这三任男友都提出了分手，有时连个像样的理由都不给她。

在一个女孩成长的过程中，父亲同样十分重要。如果一个女孩在幼年时期无法得到父爱，那么就会形成缺乏价值感的性格特点。这种性格会影响女孩处理两性关系的能力。这些问题都会在女孩谈恋爱的时候暴露出来，女孩在面对恋人的时候，会不自觉地产生自卑，担心自己配不上他，从而恐惧被抛弃，对恋人过分地依赖和控制，迫切希望得到恋人的关注和认可，时时刻刻让自己感觉到被爱，从而给恋人造成了巨大的压力，导致恋爱关系的破裂。这就是小陈谈了三次恋爱都失败的根源所在，她在恋爱关系中索取幼年缺失的父爱。

娜娜一直很想结婚，但每段恋爱都谈不长。娜娜的每次恋爱都很用心，对男友也是有求必应，但他们都会以各种理由和娜娜提出分手，有时甚至连分手的理由都懒得说。渐渐地，娜娜的朋友都戏称她是"渣男吸附体质"。

有一次，娜娜失恋了，为了摆脱失恋的痛苦，在朋友的介绍下，娜娜认识了小张。娜娜和小张便谈起了恋爱，娜娜希望这是最后一次，她想和小张结婚。但小张却在这段恋爱中显得很冷淡，平时也不会主动联系娜娜。后来娜娜才得知小张没有放下他的前女友，还背着娜娜找前女友复合，但前女友没有答应。

娜娜很生气，她想和小张分手，但最终还是决定陪伴小张走出上一段恋情的阴影，她觉得自己一定能感化小张。就这样大半年过去了，娜娜发现小张常常偷偷约会其他女孩。面对娜娜的质问，小张对她说，自己只是玩玩而已，不是认真的。最后娜娜选择了原谅。

为了拴住小张，娜娜提出同居的要求，虽然娜娜知道同居存在风险，但她觉得这样能控制住小张，避免他再次找其他女孩约会，她觉得在自己的眼皮底下，小张一定会有所收敛。

几个月后，小张突然提出了分手，不论娜娜如何挽回，小张的态度都很坚决。就这样，娜娜的这段恋情又结束了。就在娜娜还未走出失恋的阴影时，她突然发现自己怀孕了！娜娜决定将这个消息告诉小张，她希望这个孩子能帮自己挽回小张。同时娜娜也很担心，她害怕小张不愿意留下孩子。事实证明娜娜的担心是对的，小张在听到这个消息后直接说，打掉吧。

"渣男吸附体质"是一个网络流行语，通常指一个姑娘虽然很优秀，但总是遇到渣男，在跟一任渣男分手后，很快就能遇到另一个渣男，好像一个渣男吸铁石一样，无法摆脱。而且这种姑娘常常有这样的特点，即不论渣男如何对不起自己、如何冷酷无情，她都会对渣男不离不弃，好像有受虐倾向一样。

渣男吸附体质的姑娘往往是缺爱的，好像离开了爱情就不能活一样，这与从小缺乏父爱是分不开的。当一个人十分饥饿的时候，会饥不择食。如果一个人从小就缺爱，那么就会在爱的方面饥不择食，会对异性流露出的一点点爱意都如获至宝，从而忽视对方的缺点。如果一个女孩是在高度负责的父亲的陪伴下长大，那么她就能很好地处理两性关系，与渣男绝缘。

除了渣男吸附体质外，很多女孩在青春期的时候容易误入早恋的歧途，甚至会意外怀孕，给自己带来无法弥补的伤害。如果一个女孩不缺父爱，她的父亲是个负责任的男人，那么她很少会盲目地早恋，出现性冒险行为的概率也很低。

第四章

性格与家庭——以情感为纽带的整体

父母的期待的确是为了孩子好，按照父母的要求，孩子才能好好生活，照顾好自己。但是父母常常会忽略一点，自己认为好的，对孩子来说未必就是好的，也就是所谓的"汝之蜜糖，彼之砒霜"。

负能量的代代相传——家族诅咒

阿志是一个中学老师，他人生中最大的遗憾就是高考没有发挥好，他一直觉得自己混得不够好，并将人生翻盘的希望寄托在女儿身上，他的女儿也一直生活在父亲所制造的巨大压力之下。

考上一所 985 大学一直是阿志的理想，他没有实现，于是就将这个理想强加在女儿身上，十分看重女儿的成绩。所幸阿志女儿的成绩一直都不错。

女儿上高中后，阿志更加看重女儿的学习成绩。在女儿读高二的时候，一次月考成绩掉到了前十名之外，阿志得知后十分生气，决定要好好惩罚一下女儿，让她长长记性。阿志用绳子将女儿的双手反绑起来，让女儿下跪，然后开始一边责骂一边打女儿。女儿受不了，便趁着阿志不注意给母亲打电话。

等阿志的妻子赶回家，女儿已经有点神志不清了。阿志的妻子吓坏了，就到单位办了内退，在家全心全意地陪女儿。从这以后，阿志的女儿性情大变，不愿意去学校上学，为此休学一年。

一年后，休学结束，阿志将女儿送回了学校。虽然阿志的女儿不再像以前那样抵触上学，但再也无法恢复到以前的学习状态。不过女儿的学习底子是不错的，最终考取了一所大学，但距离理想中的大学还是相差很远。

等女儿上大学后不久，阿志就开始和妻子闹离婚。其实早在 10 年前，阿志就对这段婚姻不满了，他觉得自己是受骗才结婚的，所以对妻子很不满，认为妻子性格不好、毫无修养。阿志在妻子的心中也不是一个合格的丈夫，她觉得丈夫对婚姻不忠，最让她难以忍受的是阿志对女儿的教育方式，在妻子看来，女儿之所以会出现厌学的问题，都是阿志的教育不当所致。

此时正应该好好享受大学生活的女儿又出现了精神上的问题，狂躁、人际关系障碍、情绪失控，等等。她无法适应大学的新环境，再加上担心父母离婚，于是精神上就出现了问题。阿志的女儿虽然是这个家庭的主要受害者，但仍然希望自己有一个完整的家，不希望父母离婚。最后，阿志的妻子到女儿学校陪读，女儿才慢慢好了一些。

对此，阿志十分不满，他便开始给女儿写信，用了一个月的时间，阿志终于把信写完了。在阿志看来，这封信十分珍贵，饱含着自己所有的心血，是自己人生的经验和教训总结。当阿志将信给女儿看时，女儿大叫着不看，还用双手将自己的眼睛捂上。女儿的反应将阿志激怒了，他再次将女儿绑了起来，强迫女儿看信。

这封信的内容让阿志的女儿无法接受，满纸都是父亲所推崇的成功捷径和心灵鸡汤，他十分迫切地希望女儿能获得成功，好证明自己。在信的最后，阿志写道："如果你仍然不听我的话，继续这样固执下去，将来一定会有更多的苦难等着你，会有无穷无尽的苦日子等着你，谁也救不了你！"

阿志的过激行为彻底将女儿激怒了，她开始与父亲发生争执，甚至用父亲无法接受的字眼咒骂阿志。阿志不仅没有反省，反而认为女儿会到今天这一步，全都是妻子教唆的，妻子应该负全部责任。阿志从来没有反思过自己对待妻女的态度，虽然他总是教育女儿要与人为善，与同学相处时要懂得谦让，但自己对妻女却总是斤斤计较，甚至恶语相向。

在家庭生活中，孩子往往是最弱势的，很容易成为家庭的受害者。当家庭关系出现不和谐、生活压力大、家庭功能不健全的情况时，很容易产生矛盾，这些矛盾往往会给孩子的精神带来痛苦。在不少家庭中，父母根本不会将孩子看成需要平等对待的对象，甚至将其看成自己的所有物、出气筒、泄愤目标或报复工具。

如果一个人成长于一个失衡的家庭，那么他就会从父母那里继承负能量。这种负能量会终其一生跟随着他，当他将来有了自己的孩子后，会从父母那里得到的负能量全部发泄出来，让自己的孩子继承这种负能量。于是负能量得以代代相传，成了家族的诅咒。

作为父母，没有人会故意残害自己的孩子，但这种负能量的代代相传往往是在不知不觉中进行的。很少有人能逃出家族诅咒，即使这个人是受害者，也会不自觉地携带着负能量，甚至会将家庭看成自己的归宿，因为每个人都有归属的需求，根本无法压抑这种本能的需求。

以家庭暴力为例，如果一个人从小生活在一个充满暴力的家庭环境中，那么他长大后，性格和能力上会存在许多缺陷，这些缺陷会成为负能量一代代地传递下去。研究显示，在家暴中长大的女孩，在未来的婚姻生活中更容易遭受家暴；在家暴中长大的男孩，在未来极有可能成为施暴者。

小静从小生活在父母的责骂和殴打之中，她并不觉得这是父母的错误，只会觉得自己是个坏孩子，惹父母生气了才会挨打。其实父母并不完全是正确的，不仅仅会因为小静犯错误而打骂她，他们会因为莫名的理由和自己不高兴就开始打骂小静。渐渐地，小静再也不相信任何人了，变得冷漠起来，对亲情没有任何感觉，即使面对父母的关心也无动于衷。

在家暴环境下长大的孩子，往往都是问题学生，这些孩子或是有逃学、打架的问题，或是有抑郁、自闭的倾向。当这些孩子步入成年后，也依然无法摆脱家庭所带来的影响。不少人会复制父母的家暴模式，让家暴在家族中代代相传，成为一个无法摆脱的魔咒。这是因为从小挨打的孩子很容易产生一种错误的认识，认为暴力是合理的，暴力是解决问题的有效方法。

还有一种现象在家暴中十分常见，即离家出走。这其实算是一种好现象，是一种主动改变自己命运的选择。按照行为主义的观点，一个人的性格与环境因素是分不开的，既然想要摆脱家族诅咒，扔掉父母的负能量，就必须换一个新环境，新的环境会促使一个人产生新的认知模式，并做出改变。

以爱为糖衣的压榨——情感勒索

小邢在一家公司工作，最近他得到了一个千载难逢的机会，被公司任命到分公司做主管。公司里的同事也都很羡慕小邢。下班后，小邢立刻回家，将这个喜讯告诉妻子，希望能得到妻子的支持。

妻子听到这个消息后十分不开心，对小邢说："你难道不为我和孩子考虑考虑吗？我一个人在家照顾孩子多困难，你干脆让我累死在家里算了！"小邢立刻解释说："在分公司干，很容易出成绩，能让我们的生活得到改善，再说孩子已经大了，不像小时候那样闹腾。"话音未落，妻子就抢着说："从结婚一直到现在，我为这个家付出了多少，你心里不清楚吗！如果你坚持要去，我就带着孩子回娘家！"面对妻子的要挟，小邢只能选择妥协。

第二天上班，小邢极不情愿地对上司说他放弃这个机会。小邢的心里十分压抑和痛苦，但面对妻子的不理解他也很无奈。

小邢所面临的情况在人际关系中十分常见，尤其是亲密关系中，在心理学上这种情况被称为"情感勒索"。情感勒索的概念是由美国心理医师苏珊·福沃德结合二十多年的心理治疗经验提出的。

情感勒索虽然是在潜移默化中形成的，但却是一种强有力的操纵方式。情感勒索者往往会使用带着强烈感情色彩的语言来操控对方，让对方做出违背自己心意的事情来。也就是说，被勒索者如果不顺从勒索者，那么就会被对方惩罚，这种惩罚常常会使被勒索者产生内疚感，甚至会产生罪恶感，为了避免出现这种感受，被勒索者往往不得不屈从对方的要求。情感勒索就好像维 C 银翘片，表面上被一层爱的糖衣所包裹，实际上却是苦不堪言。

对于被勒索者而言，不断地妥协会给自己带来心理上的严重失衡，会变得十分痛苦，无法忠于自己的感受，也无法善待自己。可是对于被勒索者的牺牲，勒索者不会有丝毫内疚，会觉得这是理所当然的，甚至会反复索求。

情感勒索者往往是女性。对于男性来说，他们也会进行情感勒索，但方式往往是诉诸硬暴力，即你不按照我的要求去做，我就会对你拳脚相加，也就是家庭暴力，这是被法律所禁止的。但对于女性来说，情感勒索的方式往往是示弱，让自己表现得可怜和无助，对方不答应她的要求，就等于伤害了她。情感勒索的现象一般出现在亲密关系中，例如夫妻、亲子等。

其实情感勒索者也是受害者，其幼年时期没有得到情感上的满足，心理发育不健全，于是造成了渴望被爱，但却无能力去爱他人的局面。

首先受到情感勒索者勒索的是丈夫，这是勒索者在成年后建立起亲密关系的第一人。面对妻子的勒索，丈夫通常会采取逃避的方式，在家庭生活中变成了一个客人的角色。渐渐地，勒索者无法从丈夫身上获取自己想要的东西，便开始转移，于是孩子就成了优先的选择。

小杨 6 岁时父亲就过世了，她从小与母亲、弟弟相依为命。小杨的母亲望春玲虽然只是一家军工厂的普通工人，但在女儿人生的重要问题上拥有着绝对的操控权，手段便是母爱和孝道。

在小杨填写高考志愿的时候，她想要报考大连海事大学，但母亲却以考武汉大学可以省路费为理由逼迫女儿到武汉上大学。在小杨上大三的时候，望春玲因为军工厂拆迁失去了住处，她直接来大学投奔女儿，和女儿挤在一张床上，从此之后这母女二人就再也没有分开过。

大学毕业后，小杨报考了公务员，并成功通过了考试。这时候，望春玲表示，她希望女儿到北京、上海这样的一线城市去发展，还告诉小杨自己有上海情结，她曾在20世纪70年代在上海进修过5年船舶技工，最终小杨只能选择放弃宝贵的工作机会，开始备考上海海事大学的研究生。

很快，小杨30岁了，她渴望能谈一场恋爱。望春玲周围的亲朋好友也劝她，应该开始考虑女儿的终身大事了，谁知望春玲却说："我们楼上三十好几没结婚的多了去了。"小杨一直与母亲住在一起，和同学没有交集，她自己也觉得离不开母亲，不和母亲住在一起会很痛苦。

小杨考取了上海海事大学的研究生后，就带着母亲一起来上海报到，并让母亲住在学校的宿舍里。望春玲没觉得这一切有什么不妥，虽然她每个月有987元的退休金，完全可以自己找房子住。

在学校里，小杨与母亲形影不离，同睡一张床、一起进出食堂、一同散步。她从来没有参加过一项集体活动，也没有朋友。斜对面宿舍的女生说，小杨没有朋友，也不主动与同学交流，她总是和家长在一起，没人好意思去串门。开学后不久，同寝室的同学搬走了，把床腾给了望春玲。

2009年11月21日，情况发生了变化，校方开始禁止望春玲在宿舍借住，这下望春玲不得不在上海找房子居住。为了省钱，望春玲找到了一个住处，这里没有任何家具，连床也没有。小杨自然看不下去，但只能与母亲一起睡在地上。醒来后，小杨对母亲说："在地上睡觉太冷了，我去找学校，我们还是得搬回宿舍住。"

11月25日下午5点左右，小杨带着母亲到宿舍洗澡，她对母亲说："8点前离开宿舍，别再让宿管员来赶人。"晚上10点，小杨给母亲打电话说，她正在排练节目，让母亲放心回去。

11月26日上午8点30分，望春玲出现在学校的宿舍大门前，她想要进宿舍找女儿，但却遭到了拒绝。不久，有人发现小杨自杀了。小杨用两条系在一起的毛巾将身体悬挂在卫生间盥洗池的水龙头上，半蹲着勒死了自己。盥洗池距离地面不足一米，如果小杨有一丝求生欲望，那么她随时可以站起来，但她没有这样做。在被发现时，小杨还有心跳和脉搏。上午9点05分左右，小杨被抬上了救护车，送往医院时已经死亡。

望春玲没有跟着上救护车，她一直在宿舍楼道里断断续续地哭着，还对小杨宿舍对门的同学说："小杨就是太内向了，你们不要太内向。"

到底是谁直接导致了小杨选择自杀，至今也没有定论。望春玲认为，小杨的死与学校领导和宿管员有密切的关系，因为他们曾说过一些特别伤人自尊的话。宿管员还曾称望春玲是乡下人，并警告她，如果再违规进楼，就不给小杨发毕业证。对此，宿管员没有承认，不过她也已经被停职。也有不少同学为宿管员抱不平，认为宿管员是个挺负责的人，对同学们也都很好。

有人曾透露，小杨在自杀前曾与望春玲发生了激烈的争吵。但是望春玲否认了此事："我声音大就以为是在吵架呀？"

小杨的一生除了母亲外，似乎什么也不曾拥有，她一直生活在无尽的挫折、孤独、苦闷和自卑之中。自杀对于我们来说是一件很可怕的事情，但对于小杨来说未尝不是一种解脱。

情感勒索者往往会以爱的名义来进行索取，很少有人能受得了这种勒索，除了勒索者的孩子。当被勒索者是自己的孩子时，勒索者就占据了年龄上的优势。不论勒索者在现实生活中的状况如何，他远比一个孩子要拥有更强大的控制力，毕竟被勒索者比勒索者少了二十几年的生活经验。

被勒索者在这样类似于奴化教育的环境下长大，他的性格会丧失独立性和完整性，渐渐地就会成为勒索者的附庸，会认为勒索者所做的一切都是为了自己好，因为这是勒索者教给他的。例如勒索者常常说："我这么做是为了你好。"

最要命的是，我们的社会普遍赞成这样的教育方式。例如在一个好妈妈选秀节目中，一个母亲说她的孩子有三个优点，一是孩子爱她，二是孩子包容她的情绪，三是孩子理解她。这个母亲的孩子只有六七岁。台下的观众丝毫没觉得母亲有什么不对，反而以热烈的掌声赞扬这位母亲教育的成功。

在这样环境下长大的孩子，很难形成独立的人格，随着年龄的增长，会被挫折、孤独、自卑和屈辱的感受所笼罩，但却很难做出改变。因为改变的过程同样是痛苦的，相当于这个世界都崩塌了。

约翰·斯基尔帕是一个胆小懦弱的银行职员，居住在孔雀镇的铁路旁边。约翰从小在母亲的过度保护和虐待下长大，养成了压抑、自闭的性格。母亲对约翰的人生有绝对控制权，约翰就是母亲的附庸，母亲甚至可以强迫约翰与一名女子发生性关系，而且母亲全程在场观看，这名女子给约翰生下了一个儿子。

在母亲去世后，约翰变成了一只无头苍蝇，他无法适应没有母亲的生活，好像丧失了生活的意义，他每天都生活在痛苦的煎熬之中。最终约翰分裂出了一个叫作艾玛的女性人格，这个女性人格与约翰母亲的性格特点十分相似。

有了艾玛的存在，约翰的生活开始步入正轨。每天早上，艾玛这个人格会首先醒来，开始为约翰准备早餐。到了8点15分，艾玛会变回约翰吃掉自己所做的早餐，还会背着艾玛盘算一下自己的私房钱，最后会去上班。

下班后，约翰不会马上回家，而是在公园里惬意地荡秋千，这是一段难得的私人时间，最后约翰会回家睡觉。有时候艾玛会在准备早餐时给约翰留下一张购物清单，约翰只需要在下班后按照清单上的要求购买即可，约翰会偷偷买一块巧克力吃，他很喜欢吃巧克力，但母亲不让他吃。

约翰的生活在许多人看来是诡异的，但约翰自己却乐在其中，两个人格的分工也很明确，艾玛负责家务，照顾约翰的日常起居，并控制着约翰的生活，而约翰则负责上班赚钱。

一天，一个火车头意外脱轨并闯入了约翰家的后院，当时艾玛这个人格正好占据着约翰的身体，穿着女性的衣服，还戴着假发。艾玛正在后院晒衣服，而突然闯入的火车头直接撞到了艾玛。

像这样的火车事故在孔雀镇十分少见，许多居民立刻赶到案发现场看热闹，于是艾玛就暴露了。但人们并没有看出这是穿着女装的约翰，以为艾玛是约翰背着大家娶进门的老婆。最终艾玛逃回了家，并立刻换装变回了约翰，然后匆匆上班去了。

关于院子里的火车头，艾玛和约翰达成了共识，认为火车头会暴露他们。但铁路运营部门的工作效率低下，火车头不能立刻搬走，还得在院子里放几天。

就在约翰和艾玛发愁的时候，镇长和镇长夫人在早上来到了他家，此时的艾玛正在做早饭。他们对艾玛说，想要利用火车头开大会，不建议将火车头立刻拖走，这下拖走火车头的日期被无限延迟了。

约翰的性格懦弱，但艾玛却是个强势的女人，由于火车头事故，艾玛开始习惯出现在公众面前，并有了领养约翰的儿子的想法。当约翰得知艾玛的想法后，他开始反抗，他不想让自己的儿子面临着和自己一样的悲剧。在这场人格的较量中，胆小怯懦的约翰根本不是艾玛的对手，最终艾玛"杀死"了约翰，占据了约翰的身体，并制造了约翰死亡的假象。

这是电影《孔雀镇》中的情节。很显然，约翰是个被勒索者，他的母亲是个勒索者。虽然与母亲在一起的生活让约翰很痛苦，但当母亲离开后，约翰同样很痛苦，这意味着他要发生改变，但他的性格已经根深蒂固，根本改变不了，就只能分裂出一个与母亲十分相似的人格——艾玛。

对于被勒索者而言，想要做出改变就必须为自己寻找一个感情寄托，将勒索者排除出自己的感情生活。这个过程十分痛苦，就好像剔除腐肉一样。可是当痛苦过后，被勒索者就能从勒索者的阴影中走出来，并自动与他人建立起正常的亲密关系，于是创伤处就长出了"新肉"。

期待带来的压抑——情感监禁

杨女士 38 岁了，是个单亲妈妈，从小与儿子阳阳相依为命。虽然杨女士已经离婚十几年了，但还未从离婚的阴影中走出来。杨女士总觉得自己命不好，嫁了一个没良心的男人，自己全心全意地对待他，却遭到了他的背叛。离婚后不久，杨女士就下岗了，这对她来说可是个不小的打击，为了养活儿子，杨女士四处给人当临时工，十分辛苦。好在阳阳很让杨女士欣慰，不仅听话，学习成绩也非常不错。

随着阳阳年龄的增长，杨女士对他越来越失望，她觉得儿子不听话了，总是跟自己对着干。在 16 岁的阳阳看来，妈妈是个不可理喻的女人，他觉得自己又没把学习成绩落下，和同学一起出去玩是很正常的。

有一次，阳阳终于获得了杨女士的许可，可以出去玩了。阳阳立刻和同学一起到网吧玩，但被杨女士发现了，杨女士狠狠地批评了阳阳。以后阳阳就很难与同学一起出去玩了，为此阳阳和杨女士发生了多次争吵。

元旦期间，阳阳的学校放假了，他回家和杨女士商量着要和同学出去玩。杨女士问去哪里玩，阳阳说去新城。杨女士根本不同意，他们住在老城，距离新城有十多公里。到了晚上七点左右，阳阳再次提出要到新城玩儿，杨女士坚决不同意。阳阳没有妥协，直接跑了出去，还对杨女士说："我再也受不了了，我忍了你十多年了！"

有了这次的事情，杨女士对阳阳看管得更加严格，每当阳阳提出出去玩的要求时，杨女士都会拒绝。如果阳阳坚持要出去，杨女士就会又哭又闹，还会说："如果你再不听话，我就把你送到你爸爸那里，我再也不养你了！"大多数情况下，阳阳都会在杨女士的威胁下妥协。

杨女士对阳阳抱着很大的期望，她觉得自己所有的人生希望都在阳阳身上。阳阳是个头脑很灵活的孩子，学习成绩一直很不错，杨女士觉得自己没什么文化，就下决心一定要把阳阳培养成才，不能轻易让阳阳出去和同学们一起玩，以免耽误功课。

每当阳阳放假在家时，杨女士都会要求儿子陪她看电视，看的内容都是家庭剧，通常都与离婚、婚外情有关。这让阳阳十分反感，他觉得这样的电视剧翻来覆去都是相似的内容，看起来非常无聊。有一次，阳阳陪着妈妈看一个电视剧，电视剧的女主角与杨女士的经历十分相似，于是杨女士就开始絮叨起来，说阳阳的父亲当初这是这样对她的。阳阳一听就很烦，直接说："如果我是男主角，也会抛弃女主角。"阳阳这样说，其实只是为了发泄一下，但杨女士却觉得自己养了一只白眼狼，开始教训阳阳，说阳阳不懂得感恩。

阳阳已经 16 岁，正值青春期，是个渴望独立的年龄，他虽然在生活上会依赖母亲，但却要追求精神上的自由，即和杨女士拉开一定的距离。但杨女士并没有意识到这个问题，反而觉得孩子长大了，应该看得更紧一些。于是双方之间的冲突就变得越来越频繁。

我们常常说父母是伟大的，因为父母表达爱的方式是无条件地付出，对孩子是无条件的接纳。但在现实生活中，还有不少父母对孩子有着很大的期待，即希望自己的付出能得到回报，希望孩子能好好读书考大学、听父母的话。在父母看来，这种对孩子的期待是为了孩子好。但从孩子的角度来看，这种期待是一种无形的压力，自己必须得按照父母的期待去做，不然就对不起父母的付出，尽管父母所期待的并不是自己本身的需求。

期待常常与两方面有关。一方面是为孩子好，父母的爱对孩子来说十分重要，孩子需要从父母这里获得爱的满足。而对父母来说，也希望子女能满足自己的一些要求，即完成父母的期待。从另一方面来看，父母的期待的确是为了孩子好，按照父母的要求，孩子才能好好生活，照顾好自己。但是父母常常会忽略一点，自己认为好的，对孩子来说未必就是好，也就是所谓的"汝之蜜糖，彼之砒霜"。

当孩子达不到父母的期待时，有的父母会采取强制的方式，于是情感监禁就会出现。情感监禁虽然冠以爱的名义，但说到底是父母为了满足自己。在情感监禁中，父母的爱就变成了一种压迫、一种攻击和一种无法承受的照顾。于是接下来就会出现挣脱父母情感监禁的现象，毕竟孩子随着年龄的增长会渐渐意识到要为自己而活，这是一种成长的需求。

凡是从情感监禁中获得自由的人都会有这样的体会，为过去的自己感到悲哀，庆幸自己终于摆脱了父母的控制。但是会留下一些后遗症，即无法与人建立起亲密关系，会情感焦虑，一方面渴望能与人建立亲密关系，例如夫妻关系，另一方面又害怕新的亲密关系会使自己重新回到情感监禁的状态中。

其实在亲密关系中，不论是亲子关系还是夫妻关系，期待是必不可少的，因为没有期待就很难建立起亲密关系。但对于刚从情感监禁中解脱出来的人来说，期待就意味着压力，他不想要这种压力。在亲密关系中，期待是无法避免的，但这种期待不能给对方造成压力，不然就会给对方带来伤害。

四海之内皆我妈——巨婴的形成

巨婴性格，即极度自私、以自我为中心、认为所有人都要像妈妈一样无私地为自己奉献，简直就是"四海之内皆我妈"。他们将自己的事情看得比天还大，对于别人的感受和利益一点儿也不关心。

巨婴就是指，一个人虽然已经成年了，但心理发展水平仍滞留在婴儿时期。巨婴性格的人有一个十分显著的特点，即全能自恋。他们认为自己是世界的中心，所有的人都要围着自己转，属于自己的附属品。于是在人际交往中，巨婴性格的人不能做到为他人考虑，无视他人的感受和利益。

除了以自我为中心外，巨婴性格的人还有另外一个特点，即脱离现实。他们生活在自己想象的世界中，无法面对现实，当自己遭到质疑时会强烈地抵触。这意味着巨婴性格的人无法接受挫折，一旦遇到挫折就会产生崩溃感，从而将所有的责任都推卸给他人。

巨婴性格的形成与他所接受的家庭教育是分不开的，他们常常在过度溺爱的家庭氛围中长大。在婴儿时期，母亲会全心全意地照顾我们，尽可能地满足我们的需求。但随着年龄的增长，这种大包大揽式的教育会阻碍我们独立，不少母亲都会有意识地训练孩子走向独立，让孩子意识到这个世界上除了妈妈以外，还存在其他人和事物。而在过度溺爱下长大的孩子由于得到了父母过度的保护而无法获得成长，于是就渐渐发展成了巨婴。

安妮在怀孕期间就对孩子的降生充满了期待，她虽然不喜欢古典音乐，但得知古典音乐能刺激胎儿大脑发育后，她就开始坚持听古典音乐。在孩子约翰诞生后，安妮更是把所有心思都花在了约翰身上。安妮的母亲有时候会来探望女儿和外孙，但看到安妮的教育方式后对她说："你会宠坏这个孩子的。"安妮觉得母亲说得不对，继续按照自己的教育方式去教育约翰。

在约翰读小学期间，他的表现很让父母满意，学习成绩一直不错。在安妮和她的丈夫看来，教育孩子时最好使用表扬，表扬的方式总比批评好得多。有一次，约翰的学习成绩不尽如人意，只得了个B。回家后，约翰闷闷不乐地告诉安妮自己的成绩，安妮还是表扬了约翰，她不想让约翰的自尊心受到打击。

上中学后，约翰的学习成绩开始下滑。有一次，约翰在考试时作弊了。安妮和丈夫得知后找约翰好好谈了谈，但约翰好像并未意识到自己的错误，坚持辩解学校里的每个人都在作弊，最终安妮只能作罢。

到了高中时，约翰的表现更加糟糕，他开始厌倦上学，总是想着和朋友出去鬼混。在约翰16岁生日时，安妮和丈夫送给了他一份大礼——一辆汽车。约翰不仅没有好好地感谢父母，还说自己一个朋友的车比这辆更好。

此后，约翰变得越来越喜欢胡闹，晚上也不回家。安妮想要好好教训一下约翰，但是却害怕会彻底激怒约翰。后来约翰开始从安妮的钱包里偷钱，安妮得知后并没有惩罚约翰，只是将钱包藏了起来。

安妮曾向约翰提出过要他上大学的要求，但约翰对上大学毫无兴趣，他觉得上大学是个毫无意义的过程。后来约翰找了一份工作，但没能坚持下来。每当约翰手中的钱不够用时，他就会给父母打电话索要。

安妮的性格属于付出型的，她的自我归属感非常微弱，难以认识到自己的需求。因此在照顾孩子的过程中获得了归属感，并觉得被孩子需要、依赖是一件很有价值的事情，于是总是过度地溺爱孩子，总是给孩子以过多的夸赞、无效的惩罚，很容易让孩子养成巨婴的性格。

冷漠，致人心死——零反馈

阿龙是个混社会的年轻人，并染上了毒瘾，在一次吸毒时被警方抓了个现行。当阿龙被抓时，他表现得十分反常，浑身发抖。警察觉得很奇怪，就对阿龙进行了血液采样和指纹对比。在验证指纹的过程中，牵扯出了一起抢劫杀人案，该案发生在 10 年前，案发现场遗留的指纹与阿龙的指纹一样。在警察的追问下，阿龙主动交代了犯罪事实，原来他曾在 10 年前参与了一起抢劫杀人案，他还交代出了一名同伙——阿雷。

很快，阿雷被警方找到了。阿雷与阿龙不同，不是个混社会的人，他是北京一家电信营业厅的销售员，而且还有一个幸福美满的家庭。据阿雷的同事反映，阿雷不仅业绩好，人缘也不错，不像是会做出抢劫杀人这种犯罪行为的人。

为什么阿龙和阿雷会犯下抢劫杀人案呢？原来他们都有一个不幸福的童年，遭受了家庭冷暴力，经常面对父母的冷漠。10 年前的阿龙和阿雷只有 16 岁，都辍学了，在社会上混吃混喝。在一次抢劫杀人后，阿雷就和阿龙分道扬镳了，阿龙继续混社会，阿雷则决定回到学校重新开始。

阿龙所遭受的家庭教育十分简单粗暴，他是家里的长子，有几个弟弟妹妹，他父母的脾气都很暴躁，经常打骂孩子。阿龙的学习成绩不好，为此常常遭受妈妈的打骂。在家里不顺心的阿龙，就只能到外面惹是生非。当父母得知阿龙闯祸后，阿龙就会挨打。于是阿龙的学习成绩越来越差，早早地就辍学了，在社会上混日子，甚至走上了犯罪的道路。

阿雷与阿龙不同，他从小就学习成绩优异，经常获奖，但他的父母却从来不关心他。阿雷父母的婚姻很不幸福，夫妻二人经常不回家，也不会对阿雷表示关心。阿雷在家中唯一能依靠的就是爷爷，在爷爷的关心下，阿雷还能乖乖待在学校学习，当爷爷和妈妈闹翻后，阿雷就开始和成绩不好的孩子一起玩，当妈妈得知后只说了一句："天天和坏孩子混一块儿，总有一天要进监狱。"

美国心理学家戴安娜·鲍姆林德在家庭教育问题上提出了四种教养方式，即权威型、专断型、放纵型、忽视型。

权威型教养方式属于一种理性且民主的教养方式。采用这种教养方式的父母通常会对孩子提出合理的要求，以确保孩子遵守规则。父母会采取积极的态度对待孩子，充分尊重孩子的需求。

在权威型教养方式下长大的孩子在认知能力、社会技能这两方面都占有十分明显的优势，能养成独立、自信、友好的性格。

专断型教养方式是一种独断专行的教养方式，父母会给孩子制定许多需要遵守的规则，孩子必须严格遵守，对父母的要求要绝对服从。父母对孩子的需要常常不重视，也不会费心向孩子解释为什么要遵守规则。一旦孩子没有按照父母的要求去做，那么父母就会变得非常愤怒，会使用惩罚的策略强制要求孩子顺从。

在此种教养方式下长大的孩子常常会表现出焦虑和退缩的性格特点，在社交方面存在明显不足，有易怒、不友好的性格缺陷，不太讨人喜欢。不过他们在学校的表现还是不错的，也很少会出现反社会行为。

放纵型教养方式属于过于宽容的教养方式，父母很少会对孩子提出要求和定规矩，允许孩子自由表达自己的感受或自主做决定。由于孩子的年龄较小，不具备自主的能力，所以必要的控制是必不可少的，但父母却没有这方面的要求，任由孩子养成不良的生活习惯。当孩子出现违反规则的行为时，父母只会采取忽视或接受的态度，很少对孩子发怒或进行惩罚。

在这种教养方式下长大的孩子看起来十分幸福，但随着年龄的增长就会暴露出许多缺点，性格上有冲动、富有攻击性、合作性差、以自我为中心、独立性差、自信心不足的特点。在学校的表现也很差，学习成绩通常比较糟糕。

在上述的三种教养方式中，就数权威型教养方式最成功。鲍姆琳德在此项研究中，通过观察一批儿童和父母的互动对他们进行了教养方式划分，然后当这些儿童长到八九岁时对他们在学校的表现再次进行观察，结果发现在权威型教养方式下长大的孩子表现最优秀，没有出现问题行为。

最后一种教育方式是忽视型的，这是最不成功的一种教养方式。父母与孩子之间的互动很少，孩子在一种极端宽松、缺乏关心的环境下长大。当孩子出现积极的情感反应时，父母不会给予反馈，基本上是不闻不问，甚至会流露出厌恶的情绪。为什么父母会对自己的孩子不闻不问呢？要么是父母拒绝接受自己的孩子；要么是父母整日被自己所面临的压力和问题所困扰，没有时间和精力去照顾孩子。毕竟培养孩子良好的行为习惯是需要花费很多精力和时间的。

在这种教养方式下长大的孩子有十分明显的行为问题，在他 3 岁的时候就已经显现出来，如攻击性较强、以自我为中心、发脾气、学校表现差。当孩子步入青春期的时候，问题行为会越来越多，甚至会出现酗酒、吸毒、不正当性行为或犯罪行为。

为什么在忽视型教养方式下长大的孩子更容易出现反社会的行为呢？一个孩子从小生活在一个冷漠、被忽视的环境下，他的心就会慢慢死去，因为他的任何积极反应都得不到回馈，为了获得关注，他就只能通过破坏规则来引起注意，虽然这种关注是负面的，但总比被人当作不存在要好。

小宇的爸爸工作很忙，每天回到家都很疲惫，每当小宇让爸爸和他玩游戏时，爸爸就会对他说："不要有事没事总叫我，你这样很烦人。"几次之后，小宇在爸爸的这种冷漠回应中渐渐心死，他开始变成了一个到处惹是生非的孩子，似乎这样就能得到爸爸的关注。

在家庭这样的亲密群体中，冷漠是最具攻击性的武器，其杀伤力在儿童身上是最大的。如果一个孩子从父母那里得到的回应永远是冷漠，那么在他长大后会永远陷入孤独之中，觉得他人不可依靠，自己独自一人也很痛苦，他没有安全感。

安全感与亲子关系存在着很大的关系。如果一个人从小与父母建立起了积极的互动模式，父母会给予自己积极的反馈，那么我们就会产生一种温暖的感觉，会觉得自己是有价值的，并形成安全感。

如果父母总是爱答不理，他就会产生一种自己不被接受的感受，会觉得自己的存在是一种累赘，很容易养成自闭、内向的性格。

晶晶从小与爷爷奶奶生活在一起，爸爸妈妈对她来说十分陌生。晶晶妈在家里的地位很低，因为晶晶的爷爷奶奶有重男轻女的思想观念，因此对晶晶妈并不怎么好，这导致晶晶妈在家里的表现非常冷漠。

每当晶晶妈放假在家看孩子的时候，也不会主动与晶晶互动，只会在一旁做自己的事情，比如接电话、玩手机。晶晶则自己一个人玩耍，不会主动找妈妈玩。晶晶因此养成了内向、孤僻的性格，在幼儿园里不会主动和小朋友玩，只会独自在角落里玩。

像晶晶妈这种冷漠型的母亲并不少见，她在面对孩子时会显得非常冷漠，这是因为她将孩子看成了自己不幸的根源。由于晶晶妈很少会抱孩子，整个人看上去非常严厉，所以晶晶的反应同样冷漠，总是处在孤独、抑郁的状态中。

晶晶在人际交往中已经显现出了惧怕亲密接触的倾向，这与晶晶妈的冷漠是分不开的。因为晶晶在与母亲相处的过程中，积极依赖妈妈的渴望总是落空，于是就产生了一种不需要母爱的心理。表面上看起来晶晶很独立，妈妈在看手机时也能自己安安静静地玩耍，实际上晶晶却在否定自我的需要。

冷漠的母亲对于幼儿来说就相当于一个陌生人，幼儿常常会采取回避的方式来对待冷漠的母亲。但这并不意味着冷漠不会给幼儿带来伤害，在幼儿的心灵中早早体会到了焦虑的滋味，这种幼年时期的焦虑会随着年龄的增长渐渐变成一种灵魂深处的痛苦。当幼儿成长为成年人后，他无法好好享受亲密关系带来的快乐，极有可能会以冷漠的态度对待另一半，同时还要从对方那里无节制地索要关怀。最极端的情况下，他会将忽视型的教养方式延续下去，同样冷漠地对待自己的孩子。

第五章

性格与同伴——平等互动的开始

研究显示，在青春期前期如果有亲密的朋友，那么就为自我价值感的建立提供了基础，孩子的自尊心更强，会觉得自己更有能力，更有抱负。在两性关系的处理上，更容易打破性别的界限，与异性交朋友，并发展成恋爱关系。

我和小伙伴——同伴的吸引力

　　1931年，印第安纳大学心理学教授温斯罗普·凯洛格在脑海中策划过一项实验，即将一名刚出生的婴儿放到毫无人类社会影响的荒郊野岭，然后暗暗观察并记录下他的成长过程。没有人会允许凯洛格进行这样一项疯狂的实验，这是反人类的，会遭到来自全社会的指责和谩骂。

　　于是凯洛格就只能将该实验进行改良，即将野外生活的动物放在人类家庭中，然后观察人类对动物的影响。凯洛格召集了一批志愿者父母，这些父母要按照凯洛格的要求照顾一只小猩猩，必须像对待自己的孩子一样对待它。几乎没有父母能坚持按照凯洛格的要求去做，他们照顾自己的孩子已经分身乏术了，哪有那么多的时间和精力去照顾一只黑猩猩。

　　不久，凯洛格的儿子出生了，在征求妻子同意的情况下，凯洛格收养了一只黑猩猩，黑猩猩有七个半月大，凯洛格给它取名为古亚。此时凯洛格的儿子唐纳德才10个月大。

　　由于黑猩猩在婴儿期的发育比人类快一点，所以凯洛格故意找了一只比唐纳德小两个半月的黑猩猩，从而弥补他们之间的差距。

　　凯洛格想让古亚在人类家庭中长大，看看能否让古亚这只黑猩猩拥有人类所特有的能力。但实验的结果却远远超出了凯洛格的预测。

　　在人类家庭中的古亚生活得很幸福，因为当它在佛罗里达橘园和其他黑猩猩一起生活时，必须得待在铁笼里，而在凯洛格的家中，古亚很自由，不用被关在笼子里，也不会被铁链拴柱，它就好像凯洛格夫妇的另一个孩子一样，每天按照人类的规则穿衣服、穿鞋、吃饭。渐渐地，古亚适应了人类家庭的生活，它开始将唐纳德看成自己的兄弟。实际上，凯洛格夫妇在训练唐纳德如厕、刷牙、洗澡等生活习惯时，古亚也参与其中。他们一起接受凯洛格夫妇的语言训练，还一起学骑小摩托车。

唐纳德与古亚的关系很亲密，排除外形上的差异，他们就好像一对亲姐弟一样。唐纳德最喜欢的恶作剧之一，就是扶着学步车突然向古亚冲去，猝不及防的古亚会被撞倒在地，看着古亚倒在地上，唐纳德会开心得哈哈大笑。面对唐纳德的恶作剧，古亚也不生气，它很喜欢和唐纳德一起玩耍嬉戏。唐纳德和古亚还会相互安慰，如果有一个哭了，另一个会上前用拍拍或抱抱的方式来安慰对方。

古亚的学习能力比唐纳德更强，它比唐纳德更快学会了穿鞋子、用门把手开门、用杯子和勺子吃喝、在排便前先请示。每当古亚因为做错事被凯洛格夫妇责骂时，它会发出"呜呜"的哭声，会钻到对方的怀抱中，并亲吻对方，当对方接受了它的亲吻时，它才能如释重负。

凯洛格为了观察古亚和唐纳德谁最先知道利用工具，就将他们分别关在一间屋子里，把饼干用绳子吊了起来，想吃饼干，就必须得站到椅子上。古亚的表现要比唐纳德好很多。

不论凯洛格如何教育唐纳德，唐纳德都更热衷于模仿古亚的行为，学习古亚咬人、咬墙、用四肢爬行。最糟糕的是，不论凯洛格夫妇怎么教他学习单词，唐纳德还总是用黑猩猩的方式来大喊大叫，例如唐纳德会用尖叫索要食物。

当实验进行了 9 个月时，凯洛格的妻子发现儿子的行为越来越像黑猩猩，像唐纳德一样大的 19 个月的孩子早已经掌握了 50 多个单词，并学会用这些单词造句，但唐纳德却只学会了 3 个单词。于是她就恳求凯洛格结束实验，这项本打算进行 5 年的实验就这样结束了。

　　古亚被送回了佛罗里达橘园，和亲生母亲一起生活在铁笼子里。古亚在黑猩猩的群体里生活得很不适应，它与其他黑猩猩相比，显得那么格格不入。古亚在凯洛格的家里时，显得活泼开朗，每当凯洛格夫妇搔它痒或把它荡来荡去的时候，古亚都会发出快乐的笑声。但在佛罗里达橘园，古亚变得郁郁寡欢起来，最终抑郁离世。

　　唐纳德的情况要好很多，在古亚离开后，他开始和其他人类小伙伴相处，并开始出现人类该有的行为，最终唐纳德考取了哈佛大学医学院。

　　为什么唐纳德会热衷于模仿古亚，甚至还学会了古亚的黑猩猩语言，而不是父母所教给他的人类语言呢？这是因为在唐纳德看来，他与古亚的地位是平等的。亲子关系对一个人性格的发展固然是重要的，但在家庭中，父母的地位比较高，孩子需要仰视父母，孩子在家里的地位是从属性的，他需要服从成人的权威。对于儿童来说，他与同伴的地位比较平等，双方想要好好相处，或一起玩游戏，就必须得学会理解对方、学会协商、学会让步。这些都属于社会能力的范畴，只有在同伴之间才能学会，很难从父母那里获得，因为社会交往能力需要在平等地位的基础上发展。

　　随着一个人年龄的增长，他开始获得一项重要的认知能力，即自我归类，这有助于他学会融入群体。在婴儿时期，我们就已经具有了这项能力，能根据年龄和性别对人们进行分类。在唐纳德看来，父母属于成人世界，是权威的存在，古亚则和他属于同一类别，都是孩子，是自己的小伙伴，并通过模仿对方行为的方式来学习。

　　此外，古亚的角色相当于唐纳德的姐姐，是一个年长的小伙伴，因为古亚总是能很快地学会人类的生活技能。不同年龄之间的互动在一个人入学前十分常见，例如家中有兄弟姐妹的孩子，或者与亲朋好友家的孩子相处。

不同年龄之间的互动往往会造成失衡的小伙伴关系，因为年龄较大的儿童比年幼儿童拥有更多的权力。对于年长儿童来说，他可以从与弟弟妹妹的相处中发展同情心、亲社会倾向、果断性以及领导能力，因为他在与弟弟妹妹的游戏中往往占据着主动地位，甚至需要制定出游戏规则。年幼的儿童也能学到更多的新技能，例如怎样寻求帮助、学会顺从比自己强的伙伴。这些都是无法从父母那里获得的社会能力。

学校生活是我们每个人都要经历的，在学校里我们会遇到更多的同龄人。最初，同学们之间并不熟悉，只会划分出老师和同学这两个类别。一段时间后，就会出现男生和女生的类别。时间长了后，班级里的小群体越来越多，例如常见的学习成绩好的学生和学习成绩差的学生。我们常常听到这样一句话："物以类聚，人以群分"，我们不仅会将自己归类到某个群体中，还会越来越认同所属的群体，并和群体成员保持一致，例如在行为、服装上和群体内的小伙伴们保持一致。小群体中会有属于他们的小规则，人人都得遵守，不然就会被排除在群体外。

取笑常常是群体的惩罚方式之一，被取笑的人会觉得羞愧难当，从而改变自己，遵守群体规则。当然也有不会被取笑的人，他常常面临着被排挤的命运，这种惩罚比取笑更加折磨人。

在进入青春期之前，少年儿童对于群体的划分常常以性别为基础，即与同性小伙伴形成小群体，这是因为男孩与女孩的游戏方式往往不一样。通常情况下，男孩容易形成小圈子，女孩则是一对一的朋友。男孩需要在小圈子里进行竞争性或群体性的游戏，女孩则需要与一两个小伙伴建立起长期的亲密关系。

"仲永"没有同伴——病态的成长

威廉·詹姆士·席德斯是一个神童，估计他的智商超过250，是人类历史上最聪明的人。他的父亲鲍里斯·席德斯是一位著名的心理学教授，出生在乌克兰的一个犹太人家庭中，为逃避沙皇俄国颁布的《五月法案》对犹太人的迫害，移居美国。

1898年，席德斯出生了，他的父亲给他取名为威廉·詹姆士，这是一个著名心理学家的名字。不久之后，鲍里斯就发现这个孩子很特别，是个天才，仅仅8个月大就能指出地球的卫星为月亮，于是鲍里斯就开始花心血来培养席德斯。

鲍里斯是个心理学家，他与当时的许多权威人士一样，都认为教育十分重要，只要能对孩子进行适当的训练，所有的孩子都能成为天才。

席德斯有很高的语言天赋，据说他生前一共掌握了200种语言并能在一天之内学会一门外语，而且能互相翻译。在他18个月大时，就已经能阅读《纽约时报》，2岁时自学拉丁文，3岁时自学中文，4岁时可以阅读希腊文版的《荷马史诗》、拉丁文版的《高卢战争》。对于普通儿童来说，席德斯简直就是逆天般的存在，不断创造着奇迹，在他9岁时就通过哈佛大学的入学测试。不过，哈佛大学并没有让席德斯入学，嫌他年龄太小。11岁时席德斯进入哈佛大学学习，精通高等数学和天体运动。他的才华让大家震惊不已，麻省理工大学的教授预言，席德斯会成为一位伟大的数学家。

16岁时，席德斯从哈佛大学毕业了。之后，他留校教书并继续学习。不到一年，席德斯就离开了哈佛大学，因为他的学生比他的年龄还大，他总会遭受来自学生的质疑。没过多长时间，席德斯转入哈佛法学院，但并没有拿到学位。

席德斯由于神童身份颇有社会名气，是不少小报记者的宠儿，但记者们更希望这位神童能做出一些"轰动性"的行为，这样的新闻更有意思。席德斯没有让记者"失望"，21岁时，他因为参加社会主义游行而被逮捕，并被判入狱18个月。这已经是爆炸性的新闻了，但席德斯在接受审判的时候抛出了更具轰动性的言论，他说自己是第一次世界大战的反对者，是社会主义者。席德斯古怪的行为引起了父母的不满，父母将他送到疗养院，并企图"改造"他，还经常用送他去精神病院威胁他。于是，席德斯与父母反目成仇，在父亲过世时甚至拒绝参加父亲的葬礼。

成年后的席德斯过上了独立的生活，他不用再受父母的控制，他找了一份自己喜欢的工作，这是一份不用动脑筋、收入很低的文书工作。席德斯没什么朋友，也没有结婚，他最大的爱好就是收集公车的转乘券，还专门写了一本与此相关的书。不过这本书的内容十分无聊。46岁时，席德斯去世了，他至死也没能适应社会。

神童是一群很特殊的人，他们由于智力超群，在学业上往往超乎常人，在他们的周围没有同龄人。对于神童的父母来说，能有一个天才式的孩子简直就是天上掉下来的馅饼，一定要好好培养，不能浪费孩子的天赋，于是他们会让孩子跳级，甚至十来岁就考入大学。这无疑让神童丧失了与同龄人相处的机会，他们很有可能会出现社交和情感方面的问题。

在周围人看来，席德斯的行为很古怪，让人无法理解，而席德斯也从来没有向外界吐露过自己的感受，我们无法知道一直生活在成人世界，没有同伴的席德斯到底是什么样的心境，不过下面这个人的感受应该与席德斯是相同的。

　　在美国中西部有一个很特殊的农民，他的名字叫乔治，他没有结过婚，也没有朋友，一生都生活在孤独之中。乔治是家中的独生子，他所生活的地方是一个偏僻的农村，村里没有同龄的孩子可以玩耍。到了上学的年龄后，乔治离开了家，到外面上学。由于从小生活在成人的世界里，乔治不知道该怎么与同学交流，他没有朋友，总是被其他孩子们嘲笑，说他是"妈妈的宝贝"。

　　随着年龄的增长，乔治班上的男孩子开始说粗俗的话，这是他们特定的交流方式，他们觉得这样很酷。但乔治不知道他们说的是什么意思，当乔治问这些词的意思时，男孩们就会嘲笑他。久而久之，乔治就不再问了，但他总是无法听懂男孩们在说些什么，也无法融入他们。

　　到了高中时期，班里的其他男孩开始和女孩约会。乔治从来没和女孩说过话，也不会和女孩一起玩，于是乔治就只能听别人约会的故事。

　　对于乔治来说，他的生活中总是充满了困难，他没有结婚，在职场上也不是很成功。成年后乔治就开始找原因，他想弄明白自己为什么与别人都不一样。最终乔治认为与他小时候的经历有关，他在上学前从来没有同伴，这影响了他交朋友的能力。在他看来，父母应该允许孩子与同龄人在一起玩耍，或者应该努力为孩子寻找同伴，从而促进孩子的健康发展。

　　在一个人的成长过程中，同伴起着十分重要的作用。在权威型、专断型、放纵型、忽视型这四种家庭教养方式中，权威型的教养方式下长大的孩子在交友能力上是最好的，剩下的三种教养方式虽然会阻碍一个人的交友能力，但如果能获得一个亲密的朋友，那么孩子的社会适应能力将会大大提高。

　　如果一个人很不幸，成长于一个问题家庭，例如父母离婚或与冷漠型的父母一起生活，同伴对他来说就变得尤为重要，一个亲密的朋友可以给予他情绪上的安抚，并让他更容易承担起生活的压力。如果一个成长于问题家庭中的孩子失去了一个亲密的朋友，那么他的自我价值感就会大幅度下降。

对于一个儿童来说，进入幼儿园是个极大的挑战，不少孩子都需要一个适应的过程，但如果他能和一个经常与自己玩游戏的孩子一起进入幼儿园，那么相比较于独自一人进入幼儿园，他会更加喜欢幼儿园，很少会出现适应问题。总之，同伴有助于我们应对所遇到的困难，这不仅适用于幼儿园，小学、初中、高中也是如此，每当我们面对一个新的挑战时，如果有朋友的陪伴，那么困难就会变得容易克服了，朋友会给我们以情感上的支持。

随着年龄的增长，我们会越来越愿意与朋友在一起。例如对于一个小学生来说，父母最重要。对于一个初中生来说，朋友和父母同样重要。但对于一个高中生来说，朋友更重要，因为朋友能提供更多的社会支持。

如果一个人的成长过程中没有同伴的参与，那么随着他年龄的增长，社会适应能力就会变成一个巨大的阻碍。社会适应能力通常与自我价值感和处理两性关系的能力有关。在上述案例中，神童席德斯的起点很高，但却碌碌无为，也没有结婚。乔治虽然只是一个普通人，在职场上也总是困难重重，同样没有结婚。

研究显示，在青春期前期如果有亲密的朋友，那么就为自我价值感的建立提供了基础，孩子的自尊心更强，会觉得自己更有能力，更有抱负。在两性关系的处理上，更容易打破性别的界限，与异性交朋友，并发展成恋爱关系。在一个人步入青春期之前，交朋友常常有男女的界限，例如男孩只和男孩玩，女孩只和女孩玩。但随着年龄的增长，到了青春期的中期时，性别之间的界限被打破了，开始出现异性朋友，这为将来的恋爱关系奠定了基础。

刚性需求——同伴的重要性

查斯特·贝宁顿是摇滚乐队林肯公园的主唱，林肯公园是一支来自美国加州的摇滚乐队，作为这支队的灵魂人物，贝宁顿除了有让人震撼的嗓音外，还有独特的魅力，人们能从他扯着嗓子大喊中感受到他的情感。不论贝宁顿在成年后取得了如何辉煌的成就，都无法掩盖他灰暗的童年，他选择自缢死亡也与他的童年经历是分不开的。

贝宁顿的家庭生活中虽然有哥哥和姐姐，但他与他们的关系并不亲密。上学以后，贝宁顿几乎没有朋友，他常常是校园恶霸欺凌的对象，因为他戴着眼镜，还有一个比别人更大的额头，这些外貌特征让他看起来很怪异。后来，贝宁顿终于有了几个为数不多的朋友，他很珍视他们之间的友谊，这些朋友也是他的心灵寄托。但很不幸，他的朋友们都去世了，其中一位自杀，另外两位意外身亡。与此同时，贝宁顿的父母又离婚了，这些打击足以将一个人击垮。

几年后，孤独的贝宁顿又陆续交过一些年纪比他大的朋友。贝宁顿在朋友们之间的地位很低，他们经常虐待贝宁顿，除了殴打他外，还性侵他。无法从朋友那里寻求慰藉，贝宁顿就只能在毒品和酒精中获得短暂的快乐。

幸运的是，在贝宁顿21岁时，他在兄弟的介绍下在一个乐队担任主唱，不久后贝宁顿就发现他可以通过唱歌来发泄自己遭遇挫折的愤懑，于是贝宁顿就开始加倍努力练歌，直到嗓子和肺部感到疼痛，甚至吐血。这支乐队经历了几次改名之后，终于确定为林肯公园。

对于儿童来说，父母家庭固然重要，但随着年龄的增长，儿童会花越来越多的时间与同伴在一起，与成年人在一起的时间则会越来越少。在寻找同伴时，儿童会倾向于与自己年龄相仿且有共同兴趣爱好的同性儿童玩耍。同伴交往可以促进一个人社交能力的发展，这些都无法在亲子关系中获得。对于贝宁顿来说，他曾经有几个好朋友，这些好朋友对他来说十分重要，但很不幸，他们都过世了，这让贝宁顿变得孤独起来，他的社交能力本来就差，没有了朋友的贝宁顿就更加难以交上朋友。虽然后来贝宁顿和几个年龄较大的孩子交上了朋友，但他们之间根本不能称之为朋友，因为他们的关系是不平等的。没有父母的陪伴，也没有朋友的贝宁顿很容易沾染上坏习惯。

美国心理学家哈利·哈洛曾做过一系列十分著名的猴子实验，其中两个实验与剥夺母亲和剥夺同伴有关，这两个实验充分说明了亲子关系和同伴关系都会影响一个人正常的社会性发展。

在剥夺母亲实验中，年幼的恒河猴被迫与母亲分开，但哈洛会给它们安排同伴，让它们经常与同伴在一起。实验结果显示，这些只有同伴的猴子缺乏安全感，常常紧紧地相互拥抱在一起，它们之间形成了非同寻常的依恋关系，但在遭遇挫折和面对压力时很容易变得愤怒起来。此外它们还有很强的排外性，当面对其他猴子时，攻击性很强，这与安全感缺失有关。丧失亲子关系中的安全感，当面对其他猴子时很容易受到惊吓。当一只猴子受到了惊吓时，它的本能反应就是攻击对方。但在它们的群体中，它们对自己的同伴表现得很正常。

在剥夺同伴的实验中，年幼的恒河猴从小就被安排与母亲待在一起，哈洛不会给它们和其他小猴子玩耍与交往的机会。这些猴子在长大后无法融入猴群中，当哈洛将它们强制放到猴群中时，它们会远远躲开猴群，自己独自缩在角落里。它们无法与其他猴子和平相处，面对其他猴子时会表现出很强的攻击性，甚至会出现反社会行为。

　　这两个实验结果充分说明不论是父母还是同伴，在一个人的社会性发展方面都起着十分重要的作用，当然这两种作用并不相同。我们需要负责任的父母，并与父母建立起安全的依恋，从父母那里获得基本的交往技能，我们还能从父母那里获得最重要的安全感。有了安全感，我们才能对周围的环境进行探索，并对同伴产生兴趣，从而主动接近同伴，与他们一起玩游戏。在与同伴的交往中，由于双方之间的关系是平等的，所以我们会调整从父母那里获得的基本社交技能，从而掌握更多的社会技能，这些都有助于我们将来适应社会。

　　哈洛的剥夺母亲和同伴实验只是在猴子身上进行，那么实验结果是否适用于人类呢？哈洛的实验已经毁掉了许多猴子的幸福生活，让许多猴子变得不伦不类，至今还在受到人们的非议，所以想要将此类实验延伸到人的身上是不可能的，人们不会眼睁睁地看着哈洛毁掉一些孩子的人生。

　　虽然此类实验在人类社会不允许进行，但却有相似的人类案例。神童就像被剥夺同伴的人，很少能有与同龄人相处的机会，所以神童之殇的悲剧十分常见。

　　1951 年，安娜·弗洛伊德发现了一个与哈洛剥夺母亲实验相似的人类案例，这是 6 个相依为命的孩子，他们的年龄只有 3 岁，一直在纳粹集中营生活。在他们出生后不久，父母就被杀害了，其他的成年狱友看他们很可怜，会给他们一些力所能及的帮助，后来这些狱友都死了，他们与成年人的联系就被彻底切断了，他们只能与同伴相依为命。在纳粹集中营这样恶劣的环境中，许多成年人都没有活下来，这 6 个 3 岁的孩子却创造了生命的奇迹。

　　在战争结束后，这 6 个孩子被营救出来，并被送往英格兰一家特殊的治疗中心。治疗中心的工作人员想帮助他们恢复正常的生活，但这些孩子很不配合，他们对工作人员充满了敌意，还会故意毁掉玩具。当工作人员试图将他们分开的时候，他们会立刻变得愤怒起来，他们喜欢待在一起。他们彼此之间很有爱，只要他们能待在一起，他们会自然而然地做一些事情，会时刻关注彼此的感受，在吃饭的时候他们会主动把食物拿到同伴面前，好像同伴吃饱比自己吃饱更重要。

尽管这些儿童存在许多问题，例如焦虑、对陌生人充满了敌意，但他们的适应能力很好，在进入治疗中心一年后，这些儿童与成年养育者建立了不错的关系，还学会了一种新的语言。当这些儿童成年后，他们的生活和普通人一样，并未出现适应不良的情况。

群体对一个人的支持作用是不言而喻的。以家庭为例，家庭其实也是一个小群体，尤其在传统社会，家庭成员的数量要远远超过现代家庭，或者将传统社会的家庭称为家族更为恰当。

在1848年，加利福尼亚的一个山口上曾发生过一出悲剧，一个由农夫组成的马队被大雪困住了，他们随身携带的食物很快就被吃光了，不少人都被冻死或被人杀死，有些人的尸体被其他人当作充饥的食物。让人奇怪的是，幸存者中妇女比较多，成年男性则很少。为什么会这样呢？原来这些成年男性都是单身汉，他们在出发前与周围的人只是泛泛之交，根本谈不上形成群体。但那些幸存的妇女都是跟随着家人来的，她们与家人之间的关系十分密切，在这个小型的群体中，她们更能互相扶持，存活率更高。

不论是父母还是同伴，在一个人的性格形成过程中都十分重要，是必不可少的刚性需要。如果一个人能在婴儿时期与父母形成安全的依恋，那么他就能与同伴进行良好的互动，他们首先会进行相互模仿，盯着同伴看并报以友好的笑，进而发展成一起做游戏。研究显示，与父母形成安全依恋的幼儿属于有吸引力的同伴，能更好地与同伴相处。如果一个人没有与父母形成安全的依恋，那么一两个挚友也会对他的性格发展起着积极的作用。

适应社会从同伴开始——社会化

在一场即将到来的核战争中，一群男孩乘坐着一架飞机向南方疏散，途中飞机被击落，男孩们虽然安然无恙，但却被迫降落到一座荒无人烟的海岛上。

这是一座热带海岛，景色非常漂亮，还有充足的淡水和食物，没有来自成人的约束，更没有家庭作业，男孩们可以在这里肆意地玩耍嬉戏。

起初，男孩们生活得还不错，会按照在文明社会养成的习惯来生活。在第一次全体会议上，一个名叫拉尔夫的少年提出了一项建议，即谁拥有海螺，谁就拥有发言权和决定权，男孩们都同意了这项建议。会议结束后，男孩们按照拉尔夫的建议去采集食物、建造房屋，还做了向海上传递求救信号的工具。

这样的生活表面上看起来很美满，每个人都各司其职，但有不少男孩心生不满，搭建棚子和看守火堆的男孩觉得自己所负责的工作限制了自己玩耍的时间，很无聊，于是就决定跟着另一个男孩杰克去打猎，这样他们不仅会得到自由，还能享受打猎的乐趣，最关键的是还有肉可以吃。

渐渐地，海岛上的男孩分成了两个群体，分别以拉尔夫和杰克为首。这两个群体很快开始相互残杀，不少男孩都因此丧命了，剩下的男孩们则堕落成了一群毫无人性的野兽。作为首领之一的拉尔夫差点被杰克一方杀死，在躲避追捕的时候他幸运地遇到了英国皇家海军舰艇并被救下。

这是英国现代作家威廉·戈尔丁的小说《蝇王》中的故事情节，这部小说还获得了诺贝尔文学奖。这部小说所表达的主题很明确，即认为如果没有文明，人们将会变成野兽一样去自相残杀。

其实这种观点早就出现过，例如英国 17 世纪的哲学家托马斯·霍布斯就持这样的观点。不过也有许多人提出了相反的观点，即认为文明是造成人类不平等的主要原因，如果我们能生活在一个没有文明的自然世界之中，我们就会变得平等、自由起来，大家一起分担所有的工作，分享所有的美食，每天会有大量闲暇的时间进行娱乐。持有这种观点的人最著名的代表人物就是法国哲学家让·雅克·卢梭。这种观点也有相似的实例支持。

美拉尼西亚的六七个孩子意外被困在一座海岛上，他们在海岛上生活了几个月，但并未出现像小说《蝇王》中的血腥情节。

为什么会出现与小说《蝇王》相反的情节呢？难道卢梭的观点是正确的，霍布斯的观点是错误的吗？虽然上述案例是真实的，与《蝇王》也很相似，但却有两个重大的不同。其中一处不同是数量，上述案例中的孩子数量只有六七个，而《蝇王》中的男孩数量却有二十几个。另一个不同之处就是上述案例中的孩子们在困在海岛上之前，彼此之间的关系都很亲密，他们来自同一个家族，这意味着他们不会出现分裂，因为在他们看来，他们属于同一个群体；而《蝇王》中的男孩们彼此之间都不认识或不熟悉。

美国作家杰克·伦敦曾写过一本小说《野性的呼唤》，小说的主人公是一条名叫巴克的狗，它从小生活在美国南部加州一个人类家庭中，它长期受到主人的影响，完全适应了人类社会。后来巴克被卖给了贩狗人，从此之后巴克的生活一下子从天堂掉入地狱。巴克被卖到了加拿大的荒野，成了一条雪橇犬。这里的生存环境十分恶劣，为了生存，巴克战胜了狗王，成功成为雪橇狗群中的王者。

后来巴克遭到了主人的毒打，就在巴克快要被打死的时候，一个名叫约翰·桑顿的人解救了它，但桑顿从来不试图成为巴克的主人，他将巴克看成自己的朋友。此时的巴克已经转变成了一条狼犬，它能频繁地听到来自狼的呼唤，但它为了桑顿一直与狼群保持着距离。后来桑顿被害后，巴克终于回归了自然。

排除掉这部小说中的象征意义，只考虑一个问题，一只从小生活在人类社会中的动物，真的能回归自然，并在荒野中成功生存下来吗？或许像老虎这样的独居动物比较容易，但如果像小说中的巴克这样的群居动物，基本上不可能回归自然，因为那对它来说意味着死亡。

在现实生活中也有不少实例。亚利桑那州的一些鸟类学家就曾犯下过这样的错误，他们养了88只濒临绝种的鹦鹉，等鹦鹉长大后，鸟类学家在训练鹦鹉们掌握了一些野外生存技能之后，就将鹦鹉们放回到了一片丛林之中。结果很不乐观，鹦鹉们基本上都死了，很多都沦为老鹰的盘中餐。为什么会这样呢？鹦鹉是一种群居的鸟类，而这些被鸟类学家养大的鹦鹉根本无法融入野外长大的鹦鹉群中，失去了群体的保护，这些鹦鹉很容易死亡。

人类也是群居的动物，在远古时期，群居生活能最大限度地保护人类的繁衍生息。虽然我们现在完全可以独居，但群居的心理需求却依旧存在，这就意味着离群索居很容易让我们出现心理问题。或者可以说，社会化是每一个人都需要经历的过程，我们可以在与他人的交往中获得心理上的满足。而社会化是一项需要学习的技能，这需要我们从与同伴的相处中进行学习。

人类不仅有成为某个群体中一员的需求，还会被群体所影响。行为主义者在研究人类行为时往往会在动物身上做实验，然后将实验结果推到人类身上，例如斯金纳做的鸽子实验。但行为主义者往往会忽略一点，即实验的动物数量很少，无法形成群体规模。

对于群体动物来说，个体在独处时会有一种表现，处于群体中会出现另一种表现，当它所处的群体规模较大时，它的行为表现就会变得复杂起来。例如所罗门·阿希做的从众实验。阿希在实验中使用了一个很简单的问题，即让参与者看一张画着一条直线的卡片，然后再看一张画着三条直线的卡片，最后让参与做出判断，第二张卡片上哪条直线的长度与第一张卡片上的直线一样长。这是个很容易做出判断的问题，因为第二张卡片上三条直线长度截然不同，一眼就能看出哪条直线与第一张卡片上的一样。当一个人回答这个问题时，每个人都能回答正确。但如果将这个人放在被阿希事先安排好的一个小群体中，很多人都会选择从众，即给出错误的判断。

当我们很小的时候，我们就喜欢聚集在一起玩游戏。随着年龄的增长，我们开始参加集体活动，例如作为班级的代表参加学校举行的运动会。这其实就是个社会化的过程，我们会从中学会合作、竞争、分享和自我控制。

认同所属的群体或集体是我们的本能，我们会喜爱自己所在的群体，并尽量和群体成员保持一致，但出现竞争时，我们就会仇视敌对的群体。

社会心理学家穆扎菲·谢里夫曾进行过一项实验，这项实验与上述理论十分吻合。谢里夫及其助手选择了 22 个健康的男孩，他们年龄相同，都只有 11 岁，都来自相同的地区，说话口音也很相似，都是白人孩子，都信仰基督教。不同的是，他们来自不同的学校，他们相互之间并不认识。这 22 个男孩被告知，他们需要到罗伯斯山洞国家公园参加 3 个星期的夏令营。

谢里夫将 22 个男孩平均分成了两个小组，一组命名为"响尾蛇"队，另一组命名为"老鹰"队。他们分别被安排在不同的住处，渐渐地，两个小组变成了两个群体。每个男孩都成为各自群体中的一员，和自己的同伴越来越相似。例如响尾蛇队的男孩认为他们是一群坚强的男子汉，流血不流泪，老鹰队则不是这样。当出现受伤的情况时，响尾蛇队的男孩会强忍疼痛，而老鹰队的男孩则会出现抹眼泪的情况。

谢里夫为了激发仇恨，常常组织一系列的竞争活动，例如棒球比赛、拔河比赛等。在比赛过程中，响尾蛇队和老鹰队之间充满了火药味。例如在棒球比赛中，两个队不仅相互攻击，还烧毁了对方的队旗，就在双方准备打群架的时候，研究者及时出面制止了。随着竞争活动的增加，两队之间的仇恨越来越深，从最开始的叫骂变成了打架。

为了尽快制止情况的恶化，谢里夫决定举行一项让两队成员合作的活动，他告诉男孩们供水系统被人破坏了，想要保证水源，就必须得检查所有水管，这是一项十分艰巨的任务，需要两队的合作。几天之后，两队成员之间的仇恨消失了。

难挨的孤独——被同伴排挤

朱迪从小就是个活泼的女孩子，像个假小子一样，由于吵闹、不安分，朱迪还被贴上了"多动症"的标签。朱迪的父母一心想把女儿培养成小淑女，但朱迪根本不配合，当母亲给朱迪穿上漂亮的小裙子时，朱迪总会把裙子弄得脏兮兮的。

朱迪有一个其他小女孩都没有的优点，她能快速地和一群陌生的小伙伴们打成一片，既能和女孩做朋友，也能和男孩做朋友。由于父母工作的原因，朱迪总是跟随着父母一起搬家，然后转学，到新学校适应新的环境，朱迪总能以最快的速度交到新朋友，她开朗的性格在同龄人之间很受欢迎。

有一次，朱迪再次跟着父母搬家，来到了一个新学校。这里的环境与朱迪之前待的学校环境一点儿也不一样，这里的女孩子个个都是小淑女，每天都穿着漂亮的裙子来上课，课下聚集在一起讨论的也都是漂亮的发型和裙子。朱迪一下子就成了这些女孩儿眼中的异类，同学们便开始排挤朱迪，不和朱迪说话。

每天早上，朱迪都会和邻居家的孩子们一起上学，上学的路上其他孩子叽叽喳喳地聊着天，没有人搭理朱迪，就算朱迪鼓起勇气主动与其中一个孩子交谈，也得不到丝毫回应。渐渐地，朱迪再也不敢主动和同学说话，她被同学们排挤成了一个孤独的人，朱迪活泼开朗的性格开始变得害羞、拘谨起来。朱迪在这所学校待了好几年，她没有一个朋友，只能用功学习。

几年后，朱迪的父母又一次搬家，朱迪又换了一所新学校，这里的孩子们没有排挤朱迪，而是接纳了她，朱迪很快有了一群新的朋友。在这里朱迪不再那么拘谨和害羞，重新变得开朗起来。但是朱迪却从未忘记那段被排挤的时光，那段十分难熬的孤独时光，改变了朱迪的性格，尽管朱迪后来重新变得开朗起来，但还是很压抑和没有安全感。

一个人为什么会被同伴排挤呢？一个人在交朋友的时候通常都会找和自己相似的人，例如有相同的兴趣爱好。在一个小群体里，个性常常是不被接受的，与众不同的人常常会被排挤、被取笑或被捉弄。一个人想要融入某个群体之中，遵守规则是必需的，如果藐视群体规则，势必会受到他人的排挤。例如上述案例中的朱迪，她会被排挤，是因为她跟班上的小淑女都不同，是个假小子。

小孙与朱迪正好相反，他是个比较爱干净的男孩，会和班上的女孩子一起玩。在上小学时，同学们给小孙起了一个外号"娘娘腔"。班上的男孩都不会和小孙玩，只有坐在小孙后面的两个女孩子会和他说说话。到了大学时期，小孙摆脱了娘娘腔的绰号，朋友也多了起来。但小孙的骨子里却很自卑，很在意别人的评价。

在小孙的小学和初中时期，同性之间交朋友的现象很常见，很少会出现和异性交朋友的现象。不和异性说话、交朋友，几乎成了班级里不成文的规定，大多数人都在遵守，不然就会被其他同学嘲笑，甚至是排挤。

环境对一个人来说十分重要，甚至可以改变一个人的性格，尤其是与同龄人共享的环境。如果一个人能拥有不错的人缘，在同龄人中间很受欢迎，那么他就能获得高自尊。自尊对一个人来说十分重要，可以激励人们不断改善自己，从而获得成长。

自尊可以说是我们对自己进行的全面评价，但自尊会受到周围环境的影响。当我们获得成功时，我们对自己的评价会很高，从而获得高自尊，这是一种非常美好的感受。当面对失败时，高自尊的人为了维护自己的自我价值，会认为其他人和自己一样失败，这样虽然有些阿Q精神，但却能让自己的高自尊免受威胁。高自尊往往意味着主动、乐观和快乐的感受，低自尊则意味着抑郁。

心理学家马克·利里认为，自尊就好像汽车上的油量表。人际关系对于每个人来说都十分重要，当我们被周围的人排挤、拒绝时，我们的自尊就会受到打击，从而发出警告，让我们改变自己的言行，从而融入周围的人际关系之中。如果我们总是遭到他人的拒绝，被人排挤，那么我们的自尊就会降低，就会越发渴望被人接受，如果我们一直无法被同伴接受，我们就会感到痛苦，自尊会降到最低。这种痛苦就好像仪表盘上闪烁的指示灯一样，驱使着我们通过行动来改变自己，并在其他地方寻求他人的接纳和认同。

小宇是个大学生，他在学校里很受欢迎，在大一时还只是个小干事，到了大三已经成了学生会主席。在同学们的眼中，小宇是一个性格阳光活泼、待人热情的人。谁也想不到，小宇小时候曾遭受过校园冷暴力，那个时候的小宇一直很抑郁，直到高中后小宇有了朋友，才慢慢变得活泼、阳光起来。

在小宇上小学的时候，曾因一次搬家来到了一所新的学校。小宇刚到新学校后不久，就隐隐感到一种圈子文化，班上分成了好几个小团体，小宇作为一个新来的学生，没有什么朋友，不知道怎么就把几个小团体都得罪了。从那以后，小宇就被班里的同学排挤了。

校园冷暴力不同于校园暴力，不会出现无缘由的谩骂、恐吓、勒索，或强迫做自己不愿意做的事等现象，但却会以冷淡、轻视、放任、疏远和漠不关心的方式来对待某一个人，不和他一起玩，将他孤立起来。校园冷暴力带给人的伤害是无形的，父母老师也不容易察觉。

小宇将自己在学校里所遇到的情况告诉了父母，父母把情况反映给了老师，老师也没办法，无法制止同学们孤立小宇，就让小宇当班里的纪律委员。于是小宇被孤立的情况就更加严重，同学们根本就不理他。

所幸的是，小宇还有两年就小学毕业了，他想着只要自己熬过了这两年，将来上初中的时候换个新环境，就一定能交到朋友。于是，小宇忍了两年。

让小宇怎么也没想到的是，升初中后他和小学班上的一部分同学分到了一个班，这伙人在初中时继续孤立小宇，还教唆着其他同学一起孤立小宇，初中三年小宇又是在同学们的孤立下度过的。到了高中，小宇来到了一个全新的环境，在这里小宇终于不再被孤立，他在班上交了几个关系不错的朋友，小宇的性格也开始变得活泼开朗起来，学习成绩也越来越好。

有学校老师反映，虽然校园冷暴力会给一个人的心理带来伤害，但校园冷暴力不同于校园暴力，一个人之所以会被班里的同学孤立，很大一部分因素是这个同学自己的原因。一些学生的性格比较怪异孤僻，与大多数同学不同，在班级举行活动时从来不会积极参与，有时候还会攻击大家都喜欢的老师、明星，这样的学生很容易引起大家的反感，并渐渐被同学们疏远或排挤。在老师看来，学生们的观点都是比较单纯的，不是不和你做朋友，只是因为你太特殊了，不符合班里学生的世界观。在上述案例中，作为初来乍到的小宇如果没有得罪班里的小团体，或许他也能很快融入同学们中间。

每个班上都普遍存在着一个"小丑"般的学生，他是大家取乐的对象，同学们都喜欢和这个同学玩一些过分的游戏，或者嘲笑他。在不少老师看来，这些被捉弄的学生的确不应该遭受同学们的恶意，但他本身也存在很大问题。"小丑"般的学生特别喜欢在同学们面前找存在感，希望能证明自己，但学习成绩、身高、相貌、运动都很普通的他，根本无法引起别人的注意，于是就通过这种降低自己自尊扮丑的方式来取悦别的同学。面对这种情况，学生们很容易一哄而上，由最初的善意嘲笑变成了欺凌。而"小丑"般的学生也会因此形成自卑心理，甚至认为没有一个人是友好的，会觉得自己的人生变得越来越灰暗。

当然也有一些同学会无缘无故地遭受同学们的排挤，例如来自单亲家庭、身有残疾或学习成绩差的孩子，这些孩子因为种种无法改变的原因而不能与同学们保持一致，因此很容易遭受歧视和冷暴力。但是这种情况会随着年龄的增长而得到改善，当一个人进入初中或高中之后，他的思维方式会渐渐成人化，更能接受与自己不同的人。对于一些弱势群体，会更加照顾他们的自尊心，例如面对一个身有残疾的同学，同学们不会因此而取笑他。如果这个略显异类的同学性格积极乐观，那么他一定会交到朋友。可是如果他总是很自卑，久而久之就会被大家所厌弃。

一些孩子本身就十分敏感，他人一句不经意的调侃，会令他伤心，甚至会让他产生戒备、自卑的心理，他会因此变得越来越孤僻。对于孤僻的人，人们往往也会渐渐疏远他，于是校园冷暴力就出现了。对于遭受校园冷暴力的人来说，被排挤是一种严重的精神伤害，会影响到他的性格发展，甚至会导致他的性格走上极端。这个时候，父母和老师就变得重要起来。父母应该帮助孩子调整心态，让他以积极的心态去面对同学，如果实在无法改变被排挤的状态，转学也是个不错的选择。而老师的态度也很重要，老师应该积极倡导学生们接纳被排挤的同学。

第六章

性格与生理变化——被禁锢的灵魂

对于一个拥有健康身体和大脑的人来说，生理的重要性往往会被忽视。实际上，生理会使一个人的性格产生变化，尤其是脑损伤，不少脑损伤患者都会有性情大变的情况。

小肿瘤带来的巨变——脑损伤

艾利奥特是一个成功的商人，他还有一个幸福美满的家庭。在公司里，艾利奥特是个不错的老板，深受年轻同事的敬爱。业余时间，艾利奥特还会和同事们出去聚会，在同事们看来，他十分有魅力，是个很好相处的人。在家庭中，艾利奥特是个负责任的父亲，是一个好丈夫。在社区中，艾利奥特也是个很受尊重的人。总之，艾利奥特的一切看起来都那么完美。

有一天，艾利奥特突然觉得头痛欲裂，几天后，艾利奥特无法忍受头疼就去看医生，医生的诊断结果无异于晴天霹雳。他的颅内长了一个小肿瘤，这是一个正在生长的小肿瘤，位置就在脑部组织的内膜上，即在眼睛上方、前额后面。医生建议艾利奥特尽快接受手术，因为脑肿瘤已经压迫到了他的脑组织，造成了部分脑组织的损坏，尤其是前额叶皮质。

艾利奥特按照医生的建议尽快接受了切除手术，手术很成功，艾利奥特恢复得也不错，在做常规检查时也没发现明显的后遗症。在出院之前，艾利奥特还接受了智力测验。测验结果显示，艾利奥特的智商并未受到手术的影响，和手术前一样，记忆力完好、能使用和理解语言等。

出院后，艾利奥特像往常一样去上班。同事们渐渐发现，艾利奥特的性格变了，常常无法完成工作任务，如果他正在工作，受到了打扰，他就很难重新进入工作状态。艾利奥特从一个认真负责的老板变成了一个不务正业的人。艾利奥特的家人也发现了他的变化，以前艾利奥特能按时起床上班，现在即使是在妻子的催促下，也总会迟到。

不久之后，艾利奥特的公司倒闭了，他变成了一个失业的男人。此后，艾利奥特就一直不断尝试不同的职业，最后他决定开一家投资管理公司，这需要一大笔投资款，如果失败，艾利奥特就会倾家荡产。但艾利奥特根本不在意，即使周围的亲朋好友都在反对，他还是一意孤行地开了这家公司。不出所料，艾利奥特的公司很快就倒闭了，他所有的财产都打了水漂，变成了一个声名狼藉的人。后来艾利奥特的妻子再也无法忍受他，就与艾利奥特离婚了，并带走了孩子。

艾利奥特似乎对妻子毫无留恋，他很快再婚，他的家人和朋友都不赞同他娶这个女人，但艾利奥特根本不听，他执意和这个女人结婚了，再婚后没多久，艾利奥特再次离婚。此时的艾利奥特既没有事业，也没有家庭的支持，变成了一个流浪汉。

艾利奥特的性格为什么会出现如此翻天覆地的变化呢？到底是什么原因导致他从一个令人敬仰的成功人士变成了一个流浪汉呢？这与他患有脑肿瘤并接受切除手术的经历是分不开的。艾利奥特脑袋中的小肿瘤正好破坏了负责将情绪信息传递到大脑高级推理中心的脑皮质，这意味着艾利奥特丧失了体会强烈情绪波动的能力，也丧失了自我控制的能力。虽然艾利奥特的智商并未受到影响，但他的性格却会发生巨大的变化。

脑损伤引起人性格的巨大变化这种现象其实十分常见，有的人是因为生病而造成了脑损伤，例如上述案例中的艾利奥特，又或者是脑中风的人；有的人则是因为意外事故。在没有脑创伤之前，这些人都和正常人一样，能控制自己的行为，很少会出现冲动的行为，但脑损伤之后他们就丧失了控制冲动的能力。

罗斯玛丽·肯尼迪出身于大名鼎鼎的肯尼迪家族，由于先天弱智，生活无法自理，从小就被送入修道院生活。当罗斯玛丽发病时，她就会从修道院里偷偷跑出来。她的家人觉得罗斯玛丽毕竟是个女孩子，如果在外面意外怀孕会令家族蒙羞，于是在罗斯玛丽 23 岁那年，她的父亲约瑟夫为她安排了一个名为"前脑叶白质切除术"的大脑手术。

这种手术在当时的美国从来没有人做过，具有很大的风险，但约瑟夫还是坚持让罗斯玛丽接受了手术，她也因此成了美国第一个接受脑叶切除手术的人。

手术过后，罗斯玛丽不再乱跑，她变成了一个痴呆的人，她的智商下降到与婴儿一样，每天都独自坐在墙壁前呆呆地看着窗外，嘴里还在嘟哝着什么。1949 年，罗斯玛丽被家人送到了威斯康星州一家专为"特殊孩子"而设的医院。罗斯玛丽在那里度过了几十年，直到 2005 年去世。

20 世纪 30 年代，葡萄牙神经学家安东尼奥·莫尼兹和美国神经学教授瓦尔特·弗里曼发明了一项神经外科手术，即额叶切除手术。人的大脑每个半球分为四个叶，其中额叶最大，大约占体积的三分之一。接受额叶切除手术的人会丧失许多功能，整个人看起来呆呆的，就像一具行尸走肉，这意味着没有了额叶，人也就无性格可言。

额叶切除手术常常用来医治一些精神病，例如精神分裂症、忧郁症、忧虑紊乱症。一些被人们认为有神经病的人也会被迫接受额叶切除手术，例如有的人表现出喜怒无常、轻狂等性格特点。

莫尼兹是从古埃及的木乃伊中获得了灵感。莫尼兹发现木乃伊中有几具的头盖骨上有洞，就去查阅了相关资料，资料显示这些洞是治疗癫痫病时遗留下的痕迹。莫尼兹还发现了 19 世纪中期留下来的神经外科手术的研究成果，这些神经外科手术中有切除额叶的，也有切除大脑其他部位的，这些患者在接受手术后变得温顺多了。

莫尼兹和弗里曼先在狗身上做了实验，将狗的连接大脑和额叶的神经切断了，这些狗会变得十分安静和温顺。后来他们开始在人身上做实验，第一个接受他们手术的人是一个患有精神疾病的女人。该患者的头颅上被钻了两个洞，然后额叶皮质被泵入酒精。

后来，他们还在权威的科学刊物上发表了研究成果，声称凡是接受过他们手术的患者，即使是有暴力和自杀倾向的患者，都会变得安静起来。

额叶切除手术的效果十分明显，但引起了不小的争议，有的医生和患者家属声称手术并没有帮助病人，只是将病人变成了植物人，虽然病人更容易被看管了，但好像被剥夺了身为人的权利。

弗兰西丝·法默是好莱坞20世纪三四十年代著名的女明星，她是个天才演员，在成为好莱坞明星后一共参演了14部电影。但法默的性格却很暴躁，总是以十分激进的方式来对待周围所发生的一切，同事们被她得罪光了，在片场，法默还经常冲着老板大吼大叫。最后法默被母亲送到了精神病院，然后接受了额叶切除手术。手术过后，法默像变了一个人似的，不再发火，但也没有了之前的灵气，变成了一个眼神涣散、神情呆滞的中年妇女。

后来，莫尼兹和弗里曼分道扬镳了，因为弗里曼发明了一种更简单的手术方式，他发明了一个冰锥，在手术过程中，只需要将冰锥通过患者的眼窝底部插入大脑即可。冰锥一旦进入了患者大脑，弗里曼就会通过挪动冰锥来切除患者的大脑额叶。在莫尼兹看来，弗里曼的这种手术方法并不精确。但弗里曼却对冰锥手术十分推崇，他甚至声称手术可以连麻药也不使用，他可以在10分钟之内就完成手术。的确，弗里曼会在手术前先给患者进行电击治疗，这样患者就会晕过去，任由他摆弄了。

弗里曼是个十分高调的医生，他利用媒体到处宣传冰锥手术法，在访问一些医院时，不仅会亲自示范整个手术的过程，还会训练心理医生实施这种手术。弗里曼甚至声称冰锥手术法不仅可以治疗棘手的精神疾病，还能治疗头疼。

现如今，额叶切除手术这种野蛮、反人类的手术虽然已经被废除了，但在当时却很流行，创始人莫尼兹还因此获得了 1949 年的诺贝尔医学奖。

对于一个拥有健康身体和大脑的人来说，生理的重要性往往会被忽视。实际上，生理会使一个人的性格产生变化，尤其是脑损伤，不少脑损伤患者都会有性情大变的情况。

上帝头盔实验——颞叶敏感性

理查德·道金斯有"达尔文的罗威纳犬"之称，他是个坚定的无神论者和演化论者，也是一位非常著名的科普作家，代表作有《自私的基因》。

道金斯在肯尼亚出生，他的父亲因工作原因随英军驻扎在肯尼亚。8岁时，道金斯跟随着父母回到英国居住。在上学期间，道金斯的表现并不起眼，一直是中等或中上等的水平。后来，道金斯进入牛津大学学习，这里的教育方式很受道金斯喜爱，学生们在学习时不用编写好的课本，而是直接研读原始文献。

1976年，道金斯的著作《自私的基因》出版了，这是一部毁誉参半的书，既为道金斯赢得了声誉，同时也招致了不少非议。《自私的基因》似乎在表达这样一种观点，基因的本质就是自私的，我们在基因的驱使下做出的种种行为也是自私的，而利他只是一种伪装。很多人在看完这本书后，感受都不怎么好，甚至声称自己受到了精神上的重创，所坚守的道德世界轰然崩裂了。在一些知名科学家和知识分子看来，道金斯就是一个"自私文化"的引路者。

道金斯并未接受这些批评，他认为这些批评都是无稽之谈，是在扭曲他的科学研究，他强调《自私的基因》主要是讲基因的行为，不是个体的自私。他还认为，或许是"自私的基因"这个书名有误导性，应该把书名改成"无私的个体"。此外，道金斯还明确表示了自己的政治主张，他是个坚定的自由派、反越战、反伊战。

2003 年，道金斯受到英国电视纪录片《地平线》栏目的邀请，前往加拿大参加一项实验，即上帝头盔实验。

上帝头盔实验的设计者是加拿大劳伦森大学的美国认知神经科学家迈克尔·珀辛格教授。道金斯是个坚定的无神论者，压根不相信上帝的存在，而珀辛格则倾向于认为上帝是神经脉冲的产物，即宗教体验与我们的大脑神经存在着密切联系。为了证明自己的观点，珀辛格就设计了上帝头盔实验。

在上帝头盔实验中，有一个十分关键的道具，即头盔，这是一个用雪地摩托车头盔改造的头盔，头盔上有两根螺线管。这个头盔的设计者是珀辛格在劳伦森大学的同事、技术专家史丹利·科伦教授。这个头盔只要通上电，电磁场就能聚焦在大脑特定区域并产生电刺激。

珀辛格认为，人的自我意识与语言能力分不开，而负责语言能力的大脑区域主要在左边，即左半脑；右半脑主要负责直觉和情感，只要一个人出现了灵异体验，那么该区域一定会有所反应。于是，珀辛格决定用电磁场刺激人的右半脑。实验结果显示，当参与者戴上这个头盔后，会产生一种有人在自己旁边的感觉，即他人临场感。

在实验开始后，参与者会被安排在一张单人椅上，然后戴上眼罩和头盔，房间里一片黑暗。珀辛格的团队则在一边观察着参与者的脑电图。对于参与者来说，实验的过程十分轻松。由于实验长达 50 分钟，有的参与者会不小心睡着，尤其是年轻男性。只要参与者没有睡着，多多少少都会产生一种古怪的感受，有 80% 的参与者产生了他人临场感，好像除了自己外，还有一个人存在。

这是一个能让人产生神秘体验的实验，不过每个人的感受是不同的。有的人会说自己看到了上帝；有的人说看到了最近去世的祖母的灵魂，有的人说看到了外星人，有的人说看到了魔鬼。曾有一个参与者在实验过程中忍不住扯掉头盔，从房间里逃了出来。

道金斯在参加上帝头盔实验的时候，并未产生神秘的体验。这是一个让珀辛格很失望的结果。对此，珀辛格解释道：道金斯本来就是一个不容易产生幻觉的人，他在参加实验前接受了一项测量颞叶敏感性的测验，测验结果显示道金斯的得分十分糟糕，他的颞叶并不敏感。上帝头盔能刺激人大脑中的颞叶，即太阳穴下方的位置，从而出现神秘体验。

著名作家和实验心理学家苏珊·布莱克摩尔也参加过上帝头盔实验，她对这项实验的印象十分深刻，她体会到了最不同寻常的感受。她还说如果这个实验是种安慰剂效应，她将会觉得十分吃惊。

安慰剂效应与心理暗示有关，2005 年一个瑞士研究小组对上帝头盔实验提出了质疑，认为该实验之所以会令人产生神秘体验，与颞叶刺激一点关系也没有，是参与者受到暗示所产生的体验。这种质疑有一定的道理，因为实验环境本身就容易让人受到心理暗示，例如黑暗的房间。而且参与者中女性比男性更容易产生神秘体验，在心理暗示上，女性也比男性更容易受到暗示。

迈克尔·舍默参与了上帝头盔实验，也出现了神秘体验，但他认为这种体验或许与电磁场完全无关，因为人在极端的状况下，例如饥饿、孤独、失眠、极度焦虑，也会产生神秘体验。舍默曾有过这样的体验，他曾试图骑着自行车从加州的圣莫妮卡码头到纽约。当时舍默已经骑行了 83 个小时，他整个人疲惫不堪，于是就停了下来。舍默后面跟着一辆房车，里面是他的家人和朋友。他们看到舍默停下来后，就准备换着舍默到房车休息。此时的舍默产生了幻觉，他觉得是外星人来绑架他了，他将亲朋好友看成了外星人，将房车看成了外星飞船。当舍默休息了一个半小时后，他恢复了正常，幻觉也消失了。

除上帝头盔实验外，珀辛格还将电磁场运用到了治疗中，他的患者主要是脑部受伤的人和有癫痫病的人。此外，珀辛格还声称他曾用电磁场成功治疗了几个抑郁症病人。

　　上帝头盔实验给珀辛格的私人生活带来了极大的困扰，这不仅花掉了他大部分积蓄，还被强制开除或停职。因为珀辛格所工作的大学是一所名义上的天主教大学，信仰上帝，在他们看来，上帝是神圣般的存在，不是刺激颞叶制造出来的，珀辛格的上帝头盔实验是对上帝的极大冒犯。珀辛格在教授心理学课程时，常常会要求学生签署一份"谅解声明"，他担心自己会在课堂上说出冒犯上帝的话。

爱能克服一切——治愈生理损伤

1937 年，正值西班牙内战，巴塞罗那的一名 21 岁大学生 A 也参与其中。一天，A 在一座房屋上执行任务的时候，突然发现自己被人跟踪了，他为了不被抓到，只能铤而走险，打开了窗户，准备顺着外墙排水管爬下去。这是一个十分冒险的举动，极有可能会丧命，但在紧急关头，A 只能这样做。

让 A 没有想到的是，这是一座老楼，排水管濒临下岗，当 A 爬上排水管时，受力的排水管承受不了这样的重量，就从墙上脱落下来。A 十分害怕，但只能紧紧抓住排水管不放，希望能躲过此劫。A 的脑袋砸在了一扇金属大门上，金属门条恰巧插进了他的大脑，从他的左边额头进入，从右边额头穿出。

虽然 A 的脑部严重受伤，但他的意识却很清醒。救援人员赶到后，立刻对 A 进行施救，A 也全力配合救援人员的抢救工作，还帮助救援人员拔出了插入自己脑袋中的金属门条。救援人员将 A 送往圣十字圣保罗医院。经过抢救后，A 成功活了下来，不过他的左眼完全失明了。A 恢复得很快，不久之后就能自由行走了。

出院后，许多人都感觉 A 的性格发生了巨大的变化，他变得冲动、焦躁不安，不论做什么都很难坚持下来，好像是去了自我控制能力一样。原来，这次意外事故不仅让 A 失去了左眼，他还失去了前额叶皮层。

A 的经历与著名的盖奇案例十分相似，现如今，哈佛大学的医学博物馆里还保存着菲尼斯·盖奇的颅骨，他是著名的前额皮层受损害的案例。不过很可惜，盖奇的大脑没有保存下来。

　　如果没有那起意外事故，盖奇是个工作努力、很受人们欢迎的普通铁路工人，但这一切都在 1848 年 9 月 13 日这一天改变了，当时的盖奇只有 25 岁，是美国佛蒙特州铁路建设的工人。这一天，盖奇正按照规定用一根铁撬杠把甘油炸药填塞到孔中，这时一颗火星突然把炸药点燃了。在炸药的作用力下，盖奇手中的那根铁撬杠穿进了他脑袋中，是从左颧骨下方穿进大脑的，然后从眉骨上方出去，落在了盖奇身后 20 米远的地方。

　　虽然意外事故给盖奇带来了很严重的脑损伤，但他并未失去知觉，在接受了治疗后就出院了。这次意外事故让盖奇的脑袋上多了一个洞，除此之外似乎并未带来更大的伤害，盖奇能自由活动，体力也渐渐恢复了，而且还有语言能力，能清楚地表达自己的意思。

　　不过很快，盖奇周围的人就发现，盖奇变了，与事故前的盖奇有着天壤之别。在人们的印象中，盖奇是个努力工作、有礼貌的人，人们都很喜欢与盖奇相处。但现在的盖奇不仅变得粗俗无礼，在工作中也不再有耐心了，会出现冲动的言行。这样的改变让盖奇再也无法胜任现在的工作，他只能另行谋生，他找到了一份负责赶马车和管理马匹的工作。

　　几年后，盖奇的健康出现了问题，无法继续工作，变成了流浪汉，并在 1860 年 5 月份去世，去世前不久还曾发作过癫痫。盖奇死后引起了许多医学和心理学专家的注意，一位专家说服盖奇的姐姐，把盖奇的颅骨捐出来，用作研究。

　　虽然 A 与盖奇同样都是意外事故导致的前额叶皮层受伤，但两人之后的人生却大不相同。盖奇因为受伤变成了一个无家可归的流浪汉，而 A 却拥有一个幸福美满的家庭。

　　在 A 受伤之前，曾和一个姑娘谈恋爱，他们两人的感情很好，已经准备结婚了。后来即使 A 受伤，性格变得不可理喻，他的爱人也没有离开他，3

年后还选择嫁给了 A。反观盖奇，他很不幸，在意外事故发生后，几乎没有人愿意陪在他身边，他只能到处流浪，A 则一直生活在巴塞罗那，几乎没有搬过家。

A 出身于一个富裕的家庭，他的父母拥有一个家族企业。这意味着，A 的余生有稳定的经济支持。盖奇在受伤后，再也无法胜任铁路的工作，只能干些零碎的工作以糊口。A 虽然也不能正常工作，因为他无法长时间将注意力集中起来，但 A 的父母给他安排了一项很简单的工作，还安排了一个人专门照看他。

后来 A 的孩子出生了，这两个孩子从小就被妈妈教育，爸爸是需要保护的。等两个孩子长大后，也越发觉得爸爸是需要保护的。这样，A 又多了两个人爱他和保护他。

对于盖奇来说，一次意外事故造成的伤害毁掉了他的整个人生。但是前额叶受损并不意味着一定会走上绝路，上述案例中的 A 就是最好的证明，他虽然被称为"西班牙盖奇"，但却远比盖奇要幸运。同时，A 的案例也说明了社会因素的重要性，如果一个前额叶受损的人能得到来自家人的支持，在爱的力量下，他能克服前额叶受损带来的种种困难，从而获得一个幸福的人生。这正好验证了罗马帝国时代的那句谚语："爱能克服一切。"

虽然有许多真实案例都证明前额叶皮层对人的重要性，只要前额叶皮层受损，就能使一个人的性格变得不再被周围人所接受，好像前额叶皮层决定着我们的命运一样。虽然前额叶皮层对我们来说很重要，但不一定会使一个人的性格朝着坏的方向发展，例如下述案例中的这名幸运儿。

B 生活在费城，他是一个有暴力倾向的人，还总会陷入抑郁之中。有一天，B实在无法忍受抑郁了，就决定自我了断，这样他就能永远摆脱抑郁的折磨。B选择的自杀工具很特别，不是常见的手枪，而是一把弩，他将拉好的弩矢对准了自己的下巴，然后发射了箭矢。箭矢穿过了B的前额叶皮层，这是一个非常严重的脑损伤，极有可能会使一个人丧命，但B和盖奇一样在经过抢救后捡回了一条命，他也成了一个前额叶皮层受损的人。

当B恢复健康后就出院了，认识他的人都说他的性格发生了巨大的变化，没有之前那样令人讨厌，他变得乐观起来，开始融入周围人的生活中。从此之后，B终于过上了正常人的生活，他不再像以前那样莫名地陷入抑郁中。

不过B毕竟是前额叶受损，他的言行和正常人比较起来还是有些异常，不过这也属于很正常的现象，不会给周围人的生活带来困扰。例如B每天都像呵呵的，见到人就会不停地说话，还会反复讲一个笑话，对方虽然对他讲的笑话无动于衷，但他却能笑得乐不可支，好像一个只会乐呵呵的傻子一样。其实这种情况也曾出现在A的身上。虽然这种行为在许多人看来夸张怪异，但对于B来说，比之前一直受抑郁症困扰要好得多。

生命不能承受之无聊——神经递质与刺激追求

在电影《肖申克的救赎》中，安迪用监狱里的广播放歌，不论典狱长如何叫门都没开，最后典狱长只能命人将门砸开。安迪犯下了严重的错误，被典狱长关禁闭。关禁闭是监狱里最严重的一种惩罚方式，虽然不会挨打，但却十分折磨人，因为在一个暗无天日的房间里，一切刺激都消失了，时间长了，会将一个人逼向崩溃的边缘。虽然安迪忍受了下来，但可以看得出他十分痛苦。

我们每天都生活在各种各样的感官刺激中，当这种刺激减少，处于一种隔绝的状态中时，我们往往会出现一种病态的心理，例如出现幻觉，变得焦虑、紧张、恐惧、注意力涣散、思维迟钝。我们很少会处于这样的境地，只有在特殊的环境下才会如此，例如深陷沙漠的远征者、长期被隔离监禁的囚犯，他们都会出现上述的心理，这在心理学上被称为"感觉剥夺"。

1954年，加拿大麦克吉尔大学的心理学教授贝克斯顿·赫伦·斯科特进行了感觉剥夺实验，这项实验在大学的一间实验室里进行，参与者都是自愿报名的大学生。实验组织者为参与者安排了一个特别的房间，这是一个为了营造极端感觉剥夺状态而设计的房间，房间里有隔音装置，参与者听不到声音。参与者还被剥夺了视觉体验，他们会被安排戴上护镜。接下来，实验组织者会让参与者戴上棉手套，并在他们的袖口处套一个长长的圆筒，从而限制参与者的触觉刺激。参与者的头部还垫着一个气泡胶枕，以防止他们的头部和枕头接触产生感觉。当然，实验组织者不会剥夺参与者吃饭和排泄的权利，但除了吃喝拉撒外，参与者必须全天躺在床上。

在参加实验之前，许多参与者都觉得这是一项很轻松的实验，自己只需要睡一觉即可。有的参与者甚至想到如果睡不着怎么办，那么就利用这个机会考虑一下论文或课程计划。

实验开始后不久，不少参与者就受不了了。在毫无刺激的情况下，他们无法集中注意力，根本不能进行清晰的思考，思维活动总是"跳来跳去"。

当实验进行了 8 个小时后，很多人都撑不下去了，有的参与者吹起了口哨，有的则开始自言自语，不少参与者都主动要求提前结束实验。

那些坚持了 8 个小时的参与者在接受测验的时候频频出错，不论他们如何努力，都无法将注意力集中起来，即使是一些简单的事情也无法完成。

一些参与者坚持到了第三天，他们开始出现了一些幻觉，看到一些没有固定形状的光在自己眼前闪烁，有的甚至看到了一些老鼠在自己眼前排队行走。除了视觉上的幻觉外，有的参与者还出现了听觉上的幻觉，例如听到狗叫声、警钟声、打字声、警笛声、滴水声等。有的参与者出现了触觉幻觉，例如感觉有冰冷的铁块压在前额和面颊处、感觉有人将身下的床垫抽走了。

极少的参与者坚持到了第四天，这些参与者的情况更为严重，双手发抖、无法笔直地走路、应答速度迟缓、对疼痛敏感等。

在感觉剥夺实验结束后，参与者通常需要 3 天以上的时间才能恢复到原来的状态。

从感觉剥夺实验中我们可以看出，不同人对待感觉剥夺的体验是不同的，例如有的参与者只能坚持几个小时，有的参与者却能坚持 4 天。这是因为有的人对感觉剥夺的耐受性低，即对感觉刺激的需求高。从而可以推及他在日常生活中是一个会主动寻求刺激的人。

在现代社会中，追求刺激是许多人都喜欢的。在远古时代，人们很少会主动去追求刺激，因为他们每天的生活已经足够刺激，他们每天需要去狩猎，这是一件十分刺激的事情。狩猎完毕后，他们会带着猎物回家，回家后他们只想着好好休息一下就可以了，所以远古时代的人们很少会主动追求刺激。当一个人解决了生存的问题后，他会倾向于寻求刺激，因为刺激可以让他变得兴奋。如果一个人的生活毫无刺激可言，那么他就会觉得无聊，变得萎靡不振，甚至会厌世。

浙江温州的罗垟古村从 2000 年开始就经常出现原因不明的死亡，到了 2003 年死亡率开始显著提升，2004 年死亡率更高了，几乎每个月都有人家办丧事。村里的许多人觉得害怕就搬走了，于是罗垟古村被蒙上了一层神秘恐怖的阴影，也是不少驴友的向往之地。

2015 年 5 月 24 日，19 名乐清驴友准备前往罗垟古村，他们没有请向导，只由几个经验比较丰富的驴友带队。他们在出发之前都兴致勃勃，想着晚上 7 点左右就能返回。但这里崎岖的山路远远超过了他们的预估，山谷里到处都是水，需要所有人都会游泳，但队伍中却有 8 个人不会游泳，他们携带的救生衣也非常有限，只有 5 件。驴友们因此浪费了不少时间。

这一行人到了天井潭处，天都快黑了，不少人因为体力不支想要休息一会儿。最后驴友们决定在这里过一夜，等天亮再走。驴友们本来没打算过夜，食物只准备了一天的，帐篷也没准备，要命的是当天夜里还下起了雨。

在人迹罕至的山里，手机没有信号，驴友们想要发出呼救的信号也做不到。所幸，不少驴友在出发前都告诉了自己的家人，家属看到他们没有按时归来就报了警。于是警方和当地村民联合起来寻找这 19 名失联的驴友。

5 月 25 日凌晨时分，19 名驴友被找到了。据当地警方反映，像这种情况还是比较常见的，在两周前的一个夜晚也接到过失联的报警，并在山里找到了失联的驴友。许多驴友都觉得能到罗垟古村探险是一次新鲜刺激的旅行，而没有想到这段路程并不容易走，这里山路崎岖、丛林茂密，很容易被困在山里。

像这样的新闻并不少见，许多人都会选择与他人结伴到一些人迹罕至的地方去探险、旅行，因为这样足够刺激。但有的人却不会这样做，因为他们觉得这样很危险，弄不好会丧命。再比如危险度很高的极限挑战，有些人不仅乐于参与其中，还会将整个过程拍摄下来。而有的人仅仅隔着屏幕都觉得心惊肉跳。

每个人对刺激和冒险的追求是不一样的。喜欢追求刺激的人更容易感到厌倦，更加无法接受感觉剥夺。而这一切都具有一定的生理基础，主要和神经递质有关。神经递质是神经元内的化学物质，例如我们常常听到的多巴胺就是神经递质的一种。可以说，神经递质在某种程度上决定着我们的性格。

多巴胺与快乐的感受联系在一起。多巴胺是刺激性神经递质，一个人的多巴胺水平可以显示出他对刺激的追求。低水平多巴胺的人更倾向于追求刺激，从而可以产生更多的多巴胺。

5- 羟色胺是第二种重要的神经递质，又被称为血清素，是抑制性神经递质。5- 羟色胺水平高的人常常给人以快乐、活泼的感觉；5- 羟色胺水平低的人很容易不安，给人以压抑、害羞的感觉。

去甲肾上腺素是兴奋性神经递质，常常与充满活力的性格联系在一起。

先天与后天的拉锯战——双生子研究

吉姆·斯普林格和吉姆·路易斯是一对双生子，1939 年在俄亥俄州皮奎市出生，刚出生后不久，这对双生子就被送到了两个不同的家庭，他们在不同的家庭长大，并且互相不知道对方的存在。巧合的是，他们的养父母给他们起了相同的名字。

斯普林格在 39 岁时得知自己还有一个孪生兄弟，就住在中西部，于是他主动和路易斯联系，两人决定见面。见面时，斯普林格仿佛看到了另一个自己，路易斯与他是如此相像，他们都是身高 180 厘米、体重 82 公斤。斯普林格在和路易斯聊天后，发现他们虽然成长于不同的家庭，却有很多相似的经历。

斯普林格年少时，曾养过一条宠物犬，并给它起名为"玩具"，路易斯也是如此，他们还都跟随着家人到佛罗里达州的圣皮特海滩度过假。长大后，斯普林格和路易斯都结过婚又离了婚，而且他们第一任和第二任妻子的名字都相同，第一任妻子名叫琳达，第二任妻子名叫贝蒂。后来，他们都生下了一个儿子，并都给儿子起名为詹姆斯·艾伦。他们都当过业余警察，还都喜欢在家里做木匠活。他们都有严重头疼的毛病，喜欢喝米勒牌淡味啤酒，抽塞勒姆牌香烟，都有咬手指甲的习惯。他们还都喜欢把写给妻子的情书扔得满屋子都是。

不过，吉姆兄弟并非完全一致，他们的发型不一样，斯普林格额前有刘海，路易斯则梳了个大背头。他们一个擅长写作，一个擅长演说。

　　这对双生子很快引起了明尼苏达大学心理学家托马斯·布沙尔的注意，因为他正在寻找从小被分开抚养的双生子，找到这些双生子后会对这些人进行了解测验和人格测验。此外，研究者还会对这些双生子进行长期的访谈，以了解他们的童年经历、恐惧、嗜好、音乐兴趣、社会态度和性兴趣等方面，从而判断他们的性格是否相似。凡是参加这项研究的双生子都曾被研究者用 1.5 万个以上的问题轰炸过，研究者所问的问题涉及了双生子人生的方方面面。布沙尔曾这样形容："我们连人家七舅老爷有没有脚气的问题都问了。"

　　吉姆兄弟接受了布沙尔的邀请，来到了实验室，这里有一帮研究者在等着为这对双生子进行一系列测试，从而确定他们之间的相似度到底有多高。

　　一个人的性格到底是由什么决定的呢？这是布沙尔团队所考虑的问题。大千世界，每个人都是不同的，有的人乐观，有的人喜欢抱怨，有的人外向，有的人却很容易害羞。于是先天和后天之争开始了，也就是说一个人的性格到底是遗传决定的，还是环境决定的。

　　先天遗传主要与基因有关，这是我们从父母那里继承的，因此我们与兄弟姐妹更为相似，尤其是双生子，就更加相像了。上述案例中的吉姆兄弟似乎说明了先天遗传的重要性，他们虽然在不同的家庭环境中长大，但却拥有很多相似的特点。不过他们所处的家庭环境虽然不同，但文化环境却是相同的。

　　后天环境主要分为两个方面，即家庭环境和文化环境。在一个人人生头几年，他所身处的环境以家庭为主，他无法随便到外面去，只会在父母的带领下接触外面的世界。因此许多兄弟姐妹最初都比较相似，随着年龄的增长会变得越来越不像，因为他们在长大后，可以自主地到外面的世界去，受到外面世界的影响。

　　当到了入学年龄后，我们会离开家到学校去学习，这时学校生活将会占据我们生活的大部分空间，我们会受到老师、同学的影响，还会受到文化教育的影响。同时，我们也变得自由起来，可以自由地选择自己的兴趣爱好、朋友，选择去参加喜爱的集体活动，选择自己喜爱的穿着，等等。这个时候，后天环境对一个人的性格形成变得越来越重要。

在吉姆兄弟的案例中，他们所生长的家庭环境虽然不同，但文化环境却是相同的，他们都在美国长大，接受美国的教育。这是我们常常忽视的一个因素，即环境因素的差异并没有我们想象中的那么大。在吉姆兄弟成长的过程中，他们会接受许多相同的事物，例如相同的教育经验、相同的商品。吉姆兄弟都喜欢喝米勒牌淡味啤酒和抽塞勒姆牌香烟，这两个品牌其实在美国有许多受众，不仅仅受到吉姆兄弟的喜爱。

如果一对双生子分别生活在两个文化差异较大的环境中呢？他们是否还存在这么多相似的地方？奥斯卡·斯托尔和杰克·尤菲这对双生子的经历可以做出回答。

奥斯卡和杰克的父亲是犹太人，母亲是德国人，他们出生在特里尼达，虽然是一对双生子，但在出生后不久就被迫分开了，奥斯卡和母亲、外婆生活在一起，他的母亲和外婆是天主教徒，奥斯卡和母亲一起生活在欧洲，当时的欧洲正值纳粹分子统治。奥斯卡难免会受到纳粹思想的影响，在第二次世界大战期间，奥斯卡还参加了希特勒的青年运动。

杰克跟随着父亲在地球另一端的一个加勒比海国家生活，他从小生长在一个犹太家庭，青年时期曾在以色列的一个集体农庄待过很长时间。在杰克的认知里，他就是一个犹太人，十分憎恨纳粹分子。

奥斯卡和杰克这对兄弟从未联系过，直到长大后才与对方取得了联系，此时的奥斯卡是德国一家工厂的管理人员，杰克则是一家商店的老板。

和许多被分开抚养的双生子一样，奥斯卡和杰克有许多惊人的相似之处。

首先是外表，他们都喜欢穿蓝色、双排扣、带肩章的衬衫，都留有短髭，都戴着金丝边眼镜。他们在运动上的表现都很出色，都不擅长数学，难以集中注意力，总是心不在焉。此外，他们在一些小事上也都相同，都喜欢吃辣的食物，喜欢喝甜酒，喜欢将涂了黄油的吐司放在咖啡里，习惯在手腕上缠橡胶带，习惯在上厕所前、上厕所后都冲马桶，在乘电梯时都习惯性打喷嚏，等等。

当然，奥斯卡和杰克之间还存在着许多差异。奥斯卡从小生活在纳粹统治的欧洲，他在政治上非常保守；杰克则是一个政治自由人士，因为他从小生活在政治环境比较宽松的国家和家庭里。他们所信奉的宗教和政治信仰似乎影响到了他们的性格，杰克明显比奥斯卡更外向、自信。

奥斯卡和杰克这对兄弟的案例说明，不论是先天还是后天因素都会对一个人的性格产生影响。一个人的先天遗传决定了他会对环境做出怎样的反应，例如先天外向的人，会倾向于选择和自己性格相似的人做朋友。当然，后天环境的重要性也是不可忽视的。像人这样的群居动物，不可能不受到后天环境的影响，如果没有后天环境的刺激，往往很难成为一个正常人。

英国心理学家哈利·哈洛的恒河猴实验十分著名，不过这一系列实验也让哈洛声名狼藉，在许多人看来，哈洛对猴子太残忍。

1971 年，哈洛的第二任妻子因乳腺癌去世，他便搬到了明尼苏达州的梅约医学中心接受治疗。在这里，哈洛接受了一系列电击治疗，他像个动物一样被皮带绑在桌子上，然后接受电击。电击治疗让哈洛的性格发生了改变，当他回到麦迪逊大学后，许多人都感到了哈洛的变化，同时哈洛也结束了剥夺母爱的研究。

后来，随着生物精神医学的兴起，哈洛对药物改善精神状况这一现象产生了极大的兴趣。他决定再次在恒河猴身上做实验，这次参与实验的猴子比之前在剥夺母爱实验中的猴子更惨。

哈洛设计了一间黑屋子，然后将猴子头朝下吊起来，一吊就是 2 年，哈洛还将此称作"绝望之井"。在这里，小猴子不仅不能与母亲在一起，也没有其他猴子存在。当小猴子恢复自由之后，它变得不正常起来，出现了严重的、持久的、抑郁性的精神病理学行为，即使 9 个月后也没有恢复正常，整日只独自抱着胳膊发呆，一点儿小猴子的机灵劲儿都没有。

哈洛的绝望之井对于参加实验的小猴子来说是十分残忍的，更令人难以相信的是，相似的事情会发生在人类身上。在加利福尼亚州曾出现过一个极端的人类案例，她的名字叫吉妮，她从小就被独自关在一个小房间里，还被绑在一把训练大小便的座椅上，直到 13 岁吉妮才被拯救出来，虽然吉妮之后接受了正常的教育，但她再也无法恢复到正常人的状态了。在她前 13 年的生活中，她几乎与外界隔绝，既没有受到家庭教育的影响，也没有受到文化的影响。

上述两个极端的案例都说明了后天教养的重要性，人的发展在很大程度上依赖于他所成长的环境。例如一个先天外向的人，如果从小和父母离群索居，那么他就有可能成为一个害羞的人。

总之，人的性格的形成过程是十分复杂的，受到先天和后天因素的共同影响。或许正是由于两者的交叉影响，才导致了性格的复杂性。

第七章

性格与创伤经历——恐怖的麻木感

经历过知觉关闭的人，都会留下心理创伤，从而阻碍他从周围人那里获得安全感，他们会变得孤僻，因为他们无法融入正常的人际交往中。通常情况下，经历过心理创伤的人，只有和有相似经历的人在一起才能感到安全。

什么感觉都没了——关闭知觉

贺顿是小说《女心理师》的主人公，她是个聪明冷静的女人，同时也是个优秀的心理师。贺顿有过一段不堪回首的童年，她原来的名字叫柴绛香。贺顿这个名字是柴绛香在给贺老太太当保姆时取的，贺老太太曾是一个教师，退休在家后无所事事，于是就将求知欲很强的柴绛香当成自己的学生教育，后来柴绛香就随了贺老太太的姓氏，并起了一个单字"顿"作名字，巴顿将军的"顿"。

贺顿幼年时与母亲一起相依为命，生父很早就抛弃了她们母女二人。贺顿的母亲没有谋生技能，沦落为娼妓，贺顿和母亲因此总会受到人们的嘲笑。后来，母亲带着贺顿嫁人了，母女二人的生活终于有了着落。

在贺顿12岁那一年，一天晚上她的母亲去看望亲戚，将贺顿和继父单独留在家里。晚上，贺顿遭受了继父的性侵。这段经历成了贺顿内心深处一直无法摆脱的阴影。贺顿成了性冷淡，在与人发生性关系的过程中，下半身一直冰冷。

从农村来到城市后，贺顿为了在这座城市里站稳脚跟，就决定开一家心理诊所。这对于贺顿来说，是一个很大的目标，需要逐步去实现。第一步，贺顿得去参加一个心理学的学习班，这需要一笔钱，于是贺顿就去推销劣质化妆品。当贺顿挨家挨户推销时，遇到了一个变态的秃顶男人，这个男人无意购买化妆品，而是用力将贺顿拖进屋内企图不轨，所幸贺顿奋力挣脱了。不久后，贺顿主动找上了门，因为她需要一笔钱去参加学习班，于是贺顿主动献身，在拿钱离开前还特意将化妆品留在了秃头男人家，她告诉自己，她是卖掉了化妆品挣到了钱，不是卖自己。

第二步，贺顿需要十万元来注册心理诊所。为了筹集这十万元，贺顿主动找到了钱开逸，并以虚假处女的身份从钱开逸这里得到了十万元。此后，贺顿一直与钱开逸保持着情人的关系，尽管后来贺顿已经结婚。贺顿相貌平平，并不是个美女，却有一副性感的嗓音，这也是钱开逸喜欢她的原因。

最后一步就是找一处合适的房子开办诊所，她嫁给了房东的儿子，年长跛脚却老实的柏万福。

贺顿的心理诊所开业了，开始接待来访者。贺顿在来访者的心理问题中渐渐意识到自己的心理问题，为了解开心中的疑惑，她接受了心理学权威姬导师的治疗，虽然通过这次治疗，贺顿明白了自己下半身冰冷的原因所在，但却在治疗过程中遭受了姬导师的性侵。最后，贺顿决定重新开始，她斩断了婚外情，关闭了心理诊所，开始继续学习。

在许多人看来，贺顿悲惨的过往固然值得同情，但她的种种作为却很难讨人喜欢，她几次三番利用、出卖自己的身体，就为达到开心理诊所这个目的，简直就是一个无原则、无底线的女人。

对于贺顿来说，她似乎可以和任何人发生性关系，因为她在这个过程中，根本是毫无感觉的。她处于一种身体和灵魂分开的状态中，好像灵魂飘在上空冷静地看着自己的身体在和一个男人发生性关系。

贺顿为什么会表现得如此冷静呢？因为她一直没有从12岁那年被性侵的创伤经历中走出来，她的余生一直生活在这段创伤的阴影中，尽管她将名字改成贺顿，这个极具力量感的名字，但她还是柴绛香。

当我们遭遇危险的时候，每一个人的第一反应就是向周围求助，希望能得到他人的帮助，哪怕仅仅是安慰也好。当没有人理会我们，我们就会出现第二反应，战斗或逃跑。在选择战斗或逃跑的时候，往往取决于我们对危险的预估，如果我们估计自己能战胜危险，我们就会表现出愤怒和攻击性，进而选择战斗。当我们觉得自己不是危险的对手时，我们就会逃跑，逃到一个安全的地方去。当求助、战斗、逃跑这些策略都失效之后，第三反应就出现了，我们会吓呆或崩溃，从而进入一种僵死状态。我们会将自己与外界隔离，我们的知觉通道会关闭，即任何感受都没有了，甚至连身体的疼痛都无法感受到。

这种关闭知觉的状态很常见，例如一名曾遭受过性侵的女性在回忆当时的场景时这样说："我想过呼救、抗争，但我被吓得呆住了，我好像瘫痪了一样，叫不出来，也无法移动，我好像一个破布娃娃一样任由对方摆布。"

对于贺顿来说，她 12 岁遭受性侵那年，她也进入了关闭知觉的状态，这种关闭一直持续到她成年，她在和任何男人发生性关系的时候，没有表现出恐惧，也没有表现出愤怒，而是过分的冷静，事情好像不是发生在她的身上一样，她什么感觉也没有。她虽然从无助的感觉中脱离出来了，但却陷入了知觉关闭状态。

知觉关闭是所有哺乳动物具备的一种本能，目的是保护自己。这种状态与自然界常见的假死状态十分相似。

想象这样一个场景：在一望无际的草原上，一群梅花鹿正在吃草，突然间所有的梅花鹿都变得警觉起来，因为它们感觉到了危险。一头猎豹正隐藏在茂密的灌木林里，突然猎豹从灌木林里冲了出来。梅花鹿们纷纷向一处能掩护它们的灌木丛中迅速奔跑。

在逃命的时候，一只梅花鹿不小心绊倒了，虽然它迅速地站了起来继续以最快的速度奔跑，但还是迟了一步，猎豹的速度快得很。就在猎豹快要抓住这只梅花鹿的时候，梅花鹿突然倒在了地上，僵卧着一动不动，好像死了。其实梅花鹿是在装死。

如果这只梅花鹿够幸运，就能侥幸逃脱一死。猎豹或许不怎么饿，可能会将梅花鹿拖到自己的地盘，等饿的时候再吃，或者将梅花鹿拖到自己的巢穴，和幼崽一起吃。在这个过程中，梅花鹿随时可以寻找机会逃走。当然梅花鹿最有可能面临的局面是被吃掉，那么装死还有什么意义呢？装死可以帮助梅花鹿摆脱死亡的痛苦，因为在僵死状态下的梅花鹿是什么感觉也没有的。

当一个人感到自己无能为力的时候，就会像梅花鹿一样进入装死状态，此时的他已经完全放弃抵抗，整个自我防御机制都被关闭了，掩耳盗铃般将自己与危险隔离开来。不同的是，动物在危险消除时，会立刻活过来，很少会出现心理创伤后遗症。不过如果动物长期处于危险中，它也会出现心理创伤后遗症，例如在驯养时或实验室内遭受虐待，最著名的要数塞利格曼用狗做实验。但人类不同，装死会给人带来心理创伤，无法回到正常状态。即使危险消失，他也总是处于知觉关闭状态。

小惠有一个 5 岁的儿子，一天她正在和儿子在公园里玩球。趁着小惠捡球的空当，儿子跑到了一条繁华的街道上，就在这时突然来了一辆高速行驶的汽车，小惠的儿子被撞了，然后倒在了血泊里。当小惠听到汽车发出的尖锐刹车声后，立刻有了不祥的预感，她觉得儿子被撞了。一时间，小惠觉得全身的血液好像都停止了循环，她开始向街上人群聚集的地方狂奔而去，她要找到儿子。当发现儿子浑身是血，躺在地上时，小惠的心一下子缩到一块儿，接下来小惠瘫倒在儿子身上，她不停地叫着儿子的名字，还慌乱地用手擦拭儿子身上的血。最后小惠直接趴在儿子身上，将自己的心脏贴近儿子已经停止跳动的心脏，渐渐地小惠觉得自己的身体不受控制了，什么都感觉不到了。

小惠之前是个快乐、负责的母亲，自从儿子死后，她再也快乐不起来，每当听到汽车的刹车声后都会变得十分恐惧。

　　经历过知觉关闭的人，都会留下心理创伤，从而阻碍他们从周围人那里获得安全感，他们会变得孤僻，因为他们无法融入正常的人际交往中。通常情况下，经历过心理创伤的人，只有和有相似经历的人在一起才能感到安全。例如上述案例中因车祸意外丧子的小惠，她无法与正常的母亲在一起交流，却喜欢与同样丧子的母亲待在一起。

是否还活着——感知障碍

1976 年夏天，加利福尼亚州发生了一起恶劣的劫持案件，一辆载着 26 个孩子的校车被劫持了，这些孩子年龄都不大，最小的 5 岁、最大的 15 岁。歹徒将这 26 个孩子塞进了一辆没有光线的厢式货车内。

歹徒将货车开到了一个废弃的采石场，然后将所有孩子从货车的后厢里驱赶到一个地下洞穴里。这个十分危险的洞穴，原是废弃采石场中的一辆拖车，被埋在了几百斤重的尘土和石块下面，逐渐形成了一个洞穴。这个洞穴全靠一根木柱支撑着，但这根木柱恰恰被一个孩子靠倒了。木柱一倒，洞穴开始塌陷，尘土和石块都砸了下来。

看到此景后，许多孩子都吓住了。有的孩子呆呆的，不知道该作何反应，好像被吓傻了；有的孩子意识到可能会丧命，开始恐惧得尖叫起来。就在这关键的时刻，一个名叫鲍勃·布克莱的孩子表现得十分镇定，他不仅没有被吓住，还一直积极采取逃命措施，开始向外挖掘一条通道，别的孩子看到鲍勃在挖通道，纷纷加入其中。最终孩子们挖出了一条通道，他们成功地逃了出来。

获救后，孩子们被立刻送到医院检查，医生只给孩子们进行了身体检查后就让他们回家了。在医生们看来，这些孩子看起来很正常，身体上也没受伤。

事发后不久，这些孩子的家长聆听了一位精神病医师的演讲。这位精神病医师说，在这 26 个孩子中至少有一个孩子会出现心理问题。

后来 8 个月过去了，几乎所有的孩子都表现出了创伤后遗症。创伤后遗症让这些孩子无法融入正常的生活中去，他们的心理、身体和社交能力都受到了影响。他们有暴力倾向，无法和家人、朋友和平相处。每天晚上，他们还总会受到噩梦的侵扰。这些孩子的精神完全被那次创伤经历给击垮了，他们没有行动能力，整日陷在深深的恐惧中，即使真正的危险已经过去了很长时间。

不过鲍勃却是个例外，他在面对危机的时候，一直积极行动着，从而带领其余的孩子成功逃脱了被活埋的命运。很难想象，如果没有鲍勃的催促，这些孩子极有可能一直惊恐地待在原地。后来，鲍勃成了当地的小英雄。虽然这次经历也给鲍勃带来了心理创伤，但他很快从创伤中走了出来，融入了正常的生活中。

感知能力是我们从出生前就拥有的一项重要能力，我们通过自己的感官来感知周遭所发生的一切。例如我们的皮肤可以让我们感觉到寒冷、温暖、潮湿等。通过感知周围的变化，我们可以处理好自己与环境的关系。

当我们感知到危险时，我们的身体会发生剧烈的变化，我们会让自己处于高度戒备的状态，稍微一丝异动都能被我们敏锐地捕捉。例如当一个人正昏昏欲睡之际，突然听到响声，有贼进来了，他就会立刻清醒起来，时刻注意着贼的一举一动。

当危险消失时，我们的感知能力就会恢复正常。可对于有心理创伤后遗症的人来说，他还是会处于危险情境中，让自己的精神和身体长时间处于高度戒备状态，无法睡着，也无法从日常生活中感受到快乐。

长时间处于惊恐中，没有人的身体能受得了。于是我们的大脑为了适应这种惊恐状态，就会将一部分大脑功能关闭。因此长期遭受严重心理创伤折磨的人，如果接受大脑扫描，就会发现他大部分脑部都不会产生活动，例如前扣带回、枕叶等。这样做，虽然可以让他们避免被恐惧感所侵扰，但也失去了感受周遭环境的能力，这便是感知障碍。当一个人长期遭受虐待时，也会出现感知障碍。

依依从小就没见过父亲，她与母亲相依为命。但母亲似乎并不喜欢依依，从来没有关心过她，后来依依就被母亲抛弃了，她从小在孤儿院长大。长大后，依依找到了母亲，但是母亲仍对她很冷淡。依依找了一份收银员的工作，她没有关系亲密的朋友，也没有男朋友。

一天晚上，依依在下班回家的途中被一个男子尾随。依依很害怕，就加快了步伐，男子也加快了步伐。后来，男子将依依拖到一个黑暗无人处，强暴了她。依依害怕极了，她一直蜷缩着身体，根本无法动弹。当男子离开后很久，依依才渐渐缓过神儿来，回到了自己的住处。依依试图给母亲打电话求助，但母亲根本不接她的电话。

不久后，依依开始出现自残行为，她总是不停地用刀片割自己的手臂，伤口虽然不深，但鲜血淋漓，看起来十分恐怖。在同事们看来，依依是个很古怪的人，她从不主动加入同事们的聊天中，即使是夏天也会穿着长袖，她很少会抬起头，更别说直视一个人的眼睛。

对于依依来说，性侵给她带来了创伤，母亲的长期忽视也给她带来了创伤。如果一个人从童年时期就得不到他人，特别是父母的关爱，这无异于遭受了精神虐待。对于任何人来说，精神虐待都是极其可怕的，会给人的心理造成创伤。

依依之所以会出现自残行为，是因为她有感知障碍，即无法感受到自己的身体，这也是许多创伤后遗症的患者会出现的情况。他们无法让自己的感知系统正常运行，他们好像失去了自己的身体一样，无法感觉到自己是活着的。依依这么做虽然会让她感觉到疼痛，却可以让她觉得自己是活着的。

对于正常人来说，我们仅仅用手握着一把钥匙，不用看就能知道那是一把钥匙，因为我们可以通过触觉感受并做出判断。但对于感知障碍的人来说，他根本不知道自己拿着的是一把钥匙，因为他们大脑中相对应的感知系统关闭了。

在上述案例中，鲍勃这个小英雄并未出现心理创伤后遗症，这与每个人的"崩溃点"有关。同样一起创伤事件，会对不同的人产生不同的伤害。每个人都有自己的崩溃点，有的人很容易崩溃，有的则不是。像鲍勃这样抗压能力较强的人，是不容易崩溃的，但这种人只占少数。

抗压能力较强的人一般都有以下几个特点：积极的处事风格、成熟的社交能力、自己决定命运的强烈意志。

如果一个人在面对危险时出现了知觉关闭，即整个人好像冻僵了一样，无法控制自己的身体，那么他就更容易出现感知障碍，很难从创伤中走出来。例如当一名女性遭受性侵时，她如果能通过努力避免被性侵，那么这段经历对她来说就不会形成创伤，甚至可能让她产生自豪感；如果她努力了，还是没有避免被性侵，那么也不容易出现严重的创伤心理障碍；如果她直接吓瘫了，没有做出任何努力就任由暴徒得逞，这将是最糟糕的情况，不仅会出现严重的心理创伤症状，此后还会感到强烈的自责和沮丧。

无法忍受的煎熬——不停闪回到创伤之中

埃弗里斯特是个乐观开朗的人，他有一群好朋友，他们一块儿长大，在一起过得很开心。在高中快毕业时，埃弗里斯特决定学习应用心理学这个专业，他对心理学很感兴趣，希望将来的某一天能成为心理学家。为了获得上大学的补助，埃弗里斯特决定去参军，因为他的父母供不起他上大学，再说埃弗里斯特的两个亲人也在军队里，他很想借此机会与他们团聚。

于是，19岁的埃弗里斯特成了美国陆军442军团的一名普通士兵，当时正值伊拉克战争。埃弗里斯特不会想到，在战争中的经历会改变他的一生，劫后余生的埃弗里斯特要忍受难以想象的精神煎熬。

埃弗里斯特被调配到了伊拉克的巴扎德，驻扎在水蟒基地后勤保障区的外面。在这里，埃弗里斯特的生活还算不错，不用每天面临着死亡和厮杀。后来，埃弗里斯特成了一支队伍的领导者，他的年纪尚轻，总是被士兵们嘲笑和侮辱。

一天，埃弗里斯特在执行一项任务时，出现了一个意外。当时有两个囚犯非法入境，埃弗里斯特要将他们押送到直升机上，然后把他们驱逐出境。一名囚犯试图逃跑，埃弗里斯特追上他，埃弗里斯特不想开枪，就用头去顶撞囚犯，谁知囚犯就此倒下不动了，原来埃弗里斯特戴着夜视头盔，这种头盔十分坚硬。看到囚犯倒下后，埃弗里斯特就将另一名囚犯押送到直升机上。然后，埃弗里斯特才走近去看那名倒在地上的囚犯，他竟然死了，这让埃弗里斯特十分震惊，但不可否认的是，囚犯是因他而死。

囚犯的尸体被送去进行尸检，尸检医生好像知道埃弗里斯特对此很愧疚一样，就安慰他，这名囚犯本身就处于癌症晚期，他的体内到处都长满了肿瘤，他每天都饱受病痛的折磨。尽管如此，埃弗里斯特的感受还是非常糟糕。

埃弗里斯特第二次杀死的是一个普通的伊拉克男人。当时埃弗里斯特正在街上巡视，他看到一个男人正在殴打一个女人，旁边还有两个惊恐哭泣的孩子。埃弗里斯特最讨厌看到男人打女人，就跑去制止，埃弗里斯特还特意用学到的阿拉伯语制止那个男人，但男人根本不听，这让埃弗里斯特十分恼火，他就用手中的步枪砸向男人，最终男人被打死了。女人获救后，两个孩子立刻跑去抱着她，她不断用阿拉伯语向埃弗里斯特道谢。这一次，埃弗里斯特并未产生愧疚，他冷静地将男人的尸体拖到了一个大垃圾堆的后面。

后来，埃弗里斯特成了一名医疗兵。一天，他接到一个消息，有四个美军士兵在执行任务时被杀死了。埃弗里斯特听到后就跑到现场，希望能帮上忙。结果，埃弗里斯特意外发现那四具美军尸体的其中两具是他的亲人，就是他一直想要团聚的叔叔和表哥。埃弗里斯特震惊了，他抱着尸体痛哭起来。埃弗里斯特哭了很长时间，直到没了力气。这件事情给埃弗里斯特造成了十分严重的打击，他觉得曾经那个无忧无虑的自己死去了，剩下的这个埃弗里斯特不过是劫后重生，无法感受到爱、内疚和悲伤，只剩下了憎恨和无法控制的愤怒。

在水蟒基地后勤保障部队服役 3 年后，埃弗里斯特回到了家乡，此时他已经22 岁了。埃弗里斯特为了摆脱伊拉克战争带来的阴影，就找了一份忙碌的工作。业余时，埃弗里斯特总是独自一人待着，即使曾经的朋友来找他，他也不见。

埃弗里斯特甚至无法与家人和平相处，他总是不断地与父母、姐姐发生争吵。埃弗里斯特也不知道自己是怎么了，他就是无法控制自己的愤怒情绪，一点儿小事就可以让他大发雷霆。埃弗里斯特还有杀人和自杀的想法，他被这些想法吓坏了，就去退伍军人管理局找精神病医生。医生在了解了埃弗里斯特的情况后，就给他开了点儿药，让他按时服用。

这些药能让埃弗里斯特在白天时获得短暂的宁静，但到了夜晚却会变得很恐怖，埃弗里斯特整晚都被噩梦困扰，总是梦到在伊拉克的日子。时间长了，埃弗里斯特开始分不清谁是谁，有时会误以为自己还在伊拉克，甚至将自己的家人看成伊拉克人。

无法控制的怒火几乎是所有参与过战争的退伍军人所共有的特征，哪怕只是日常生活中的一点儿小事也能让他们大发脾气。在参加战争之前，这些军人只是一个普通人，像上述案例中的埃弗里斯特一样乐观开朗，有自己的朋友和家人。但当他们从战场上归来时，他们好像变了一个人似的，容易暴怒，在周围人看来十分恐怖。

战争的经历还会使退伍军人丧失社会功能，不论他们之前是否能与人愉快地相处，战后都会变得冷漠起来，对人际交往丝毫没有兴趣，就像上述案例中的埃弗里斯特一样，整日独处。有的退伍军人甚至不会与妻子、孩子进行交流。

这是因为战后的退伍军人都患上了创伤后应激障碍，使自己长期处于一种警戒状态中，这也是他们为什么总是无法控制发火的原因所在。

在上述案例中，埃弗里斯特并未真正参与到战场的厮杀之中，他只是后勤部队的一员。不过埃弗里斯特却经历了类似于战友死亡的情景，他意外发现了在战争中死去的亲人的尸体。对于参战士兵而言，他们都会接受十分严酷的训练，然后被送去执行任务。对于他们来说，每天所面临的都是生死考验，其精神状态一直处于高度警戒之中，稍不留神儿就有可能丧命。于是战友成了参战士兵的情感依靠，他们会建立起深厚的友谊，并且随时准备着为战友而牺牲。常言道："打虎亲兄弟，上阵父子兵。"由此可见，战友对于参战士兵来说是多么重要。

赌场上的钱不是钱，战场上的人不是人。参战士兵即使侥幸活下来，也势必会遇到战友牺牲的场面，这会给他的心理带来严重的创伤，感到绝望和恐怖。这种场景或许会深深印刻在他的脑海中，他常常会不由自主地回忆当时的场景，让自己身处创伤之中，重新体会当时的种种感受，例如恐惧、暴怒，甚至是瘫痪。

相似的场景也会立刻勾起参战士兵对战场的回忆，例如越南战争退伍的士兵在炎热的夏天就会联想起越南那炎热的战场，进而想起战场上发生的一切。这是因为那段创伤经历改变了他的感官和想象。有一个退伍士兵在回到美国后，一直想尽力融入正常生活中，他结了婚，有了孩子，但却无法面对自己的孩子，看到婴儿的他总是不由自主地想起在越南战场上看到的死婴。

想象力对一个人来说十分重要。人是一种生活在两个世界中的动物，一个是想象中的世界，另一个是现实中的世界。我们常常会想象一些美好的场景，例如在无聊的时候，想象自己正在做一件有趣的事情。想象中的世界尽管不具有现实意义，但却可以让我们变得愉快起来，从而让我们痛苦或焦虑的情绪有所缓解。但严重创伤会剥夺一个人想象的能力，他的生活也因此丧失了意义和希望。

在人格测量的方法中，投射测验与人的想象力有关。心理学家会用一些类似墨迹、无结构的图片来刺激接受测验者，然后让测验者在不受限制的条件下告诉心理学家他看到了什么，并做出解释。

在投射测验中，比较著名的便是罗夏墨迹测验。有的参战退伍士兵在进行罗夏墨迹测验时，会陷入恐慌，因为他能从无意义的墨迹图片中看到战争中的恐怖场景，并产生痛苦的感觉。

最后便是无法摆脱的噩梦。噩梦每个人都曾做过，例如一个曾对考试焦虑的学生，在遇到令自己焦虑的事情时，总会梦到自己在参加考试，而且考砸了。可对于患上创伤后应激障碍的人来说，例如参战士兵，噩梦几乎每晚都会降临，在梦中他重回战场，到处危机四伏。因此创伤后应激障碍的人都害怕睡觉，因为睡着了，他就会被噩梦吞噬。

渴望酒精的刺激——自我分离的麻木

小玲是一场地震的幸存者之一，在地震发生时她正在教室，她被教学楼的墙压了 48 小时，她的腿骨折了、肌肉也坏死了，不得不接受截肢。小玲的伤势十分严重，一直在感染，她只能不停地接受截肢，最终小玲的右小腿被切没了、左腿一直切到了盆骨。虽然伤势严重，但小玲却很乐观，她一直以积极的态度面对周围的人，她会主动安慰父母，不让父母为她担心。小玲最大的愿望就是能借助假肢站起来。

现实很残酷，身体的疼痛让小玲渐渐放弃了用假肢站起来的希望。不过小玲还是很乐观，并很快结婚。婚后不久，小玲就怀孕了。由于身体状况，生产对小玲来说十分危险，极有可能会面临脏器粘连或大出血，但小玲还是坚持生下了儿子。儿子出生后，初为人母的小玲决定要多做些手工艺品，然后卖出去为儿子攒钱。当时许多人都被小玲的乐观所感动，她的手工艺品卖得不错。

自从生下儿子后，小玲的身体似乎从未恢复，她开始频繁尿血，屁股上还出现了大片冻疮。小玲一面要忍受和治疗冻疮，一面还要忍受从腿部传来的隐隐痛感。渐渐地，那个乐观、阳光的小玲消失了。小玲对外界所发生的一切没有什么兴趣，她每天除了吃饭，就是用手机看小说。看小说的时候，小玲也很少会有表情。

或许对于小玲来说，只有小说中所虚构的世界才能让她感到一丝丝安慰，她喜欢短篇小说，太长的小说她看不下去。而且小玲很喜欢那些上天入地无所不能的主人公。

　　小玲对家人的态度显得麻木，她几乎不与丈夫、父母交谈。在儿子上幼儿园之前，小玲与儿子的关系还很密切。自从儿子上幼儿园后，儿子就不与父母睡在一起，渐渐地小玲对儿子也麻木起来。

　　如果没有这场地震，小玲会像所有普通女孩子一样，但地震却把她囚禁在了轮椅上，还让她每天都面临着身体的疼痛。小玲的身体状况无时无刻不在提醒着那段创伤经历，为了避免痛苦，她只能以麻木的状态来对待现实生活。但麻木就意味着没有任何感觉，为了缓解自己的麻木感，小玲就只能从小说中寻求刺激。小玲喜欢看主人公一直"赢"的小说，不喜欢主人公被挫折"虐"，因为现实已经够虐了。小玲还特别喜欢一本虚构的小说，在这本小说里女人不用生孩子。因为小玲当初为了生孩子给自己的身体带来了严重伤害。可是将自己困于麻木之中，是永远无法从创伤中走出来的。

　　除了小玲这种创伤麻木外，还有一种麻木状态比较常见，即在创伤事件发生时就已经陷入了麻木之中。

　　斯坦和乌特是一对普通的夫妇，一天早上他们在高速公路上遭遇了严重车祸，当时高速公路被大雾笼罩，能见度极低。斯坦在开车的时候差点和一辆大卡车相撞，为了躲避大卡车，斯坦立即踩刹车、打方向盘。斯坦和乌特虽然躲过了这辆大卡车，却和几辆汽车撞到了一起，这是一起十分严重的连环车祸。

　　当斯坦和乌特反应过来后，努力从车里爬出来，但他们汽车的门和窗户都被另一辆汽车挡住了，费了半天劲也没打开车门。就在他们着急从车里出来的时候，突然听到有人呼救。斯坦和乌特就这样眼睁睁地看着一个人在他们眼前被大火吞噬了。斯坦和乌特十分恐惧，因为大火距离他们很近，随时面临被烧死的危险。所幸一名司机看到着火后，当机立断用灭火器砸碎了挡风玻璃，斯坦看到此景后，立刻从车里爬了出来。当他回过头去看车里的妻子，结果发现乌特呆呆地坐在那里，好像吓傻了。最后，斯坦在另一个人的帮助下，将乌特从车里拖了出来。

救护车很快就来了，斯坦和乌特的身体没有大碍，只有几道擦伤而已，于是他们就回家了。但是劫后余生的他们根本睡不着，他们还没有从死亡的恐惧中缓过来，他们既感到很幸运，又很后怕，如果他们在路上停下来给汽车加油，说不定现在正躺在医院里接受抢救，或者直接像那个人一样被大火烧死了。最后，他们决定喝点儿酒。从此之后，斯坦和乌特每天晚上都需要借助酒精来缓解恐惧和麻木。

斯坦和乌特虽然遭遇了相同的创伤事件，但对此的反应却不同。斯坦的反应是惊恐，他一直处于车祸发生时的状态，随时都能想起车祸现场的情景。而乌特的反应却是麻木，她的大脑一片空白，整个人好像什么也感觉不到了。

麻木是一种很常见的创伤后遗症。在上述案例中，尽管斯坦的表现是不可控制地回忆起车祸现场，但这种惊恐状态不会持续很长时间，他也会渐渐变得麻木起来。表面上看起来，他好像恢复了正常，但他自己知道，他根本没有恢复到以往正常的生活状态，他只是像行尸走肉一般活着罢了。

这种麻木的状态会延伸到情感上，他们感受不到痛苦，也感受不到快乐。于是生活对他们而言，越来越没有吸引力，因为他们无法体会到日常生活的快乐和烦恼。渐渐地，他们就会沉浸在酒精等刺激之中，因为这样会让他们觉得好过些。

敞开心扉——与周围建立联系

阿翔是北川县人，在汶川大地震中幸存下来。但阿翔的许多亲人被这场大地震夺去了生命，其中就有他的心肝宝贝——8岁的儿子瀚瀚，一个很聪明，考试总是拿满分的男孩。在大地震发生时，瀚瀚正在北川县城曲山镇读书。瀚瀚所在班级一共有44个孩子，只有一个小女孩成功逃脱，其他的孩子都被压在了废墟下面，瀚瀚的遗体至今也没找到。当时的阿翔十分悲痛，但无暇伤心，立刻开始抗震救灾的工作，后来还被破格提拔为县委宣传部副部长。

地震改变了许多人的性格，就像阿翔说的："和许多同事一样，我性格的根本转变是在地震那一瞬间完成的。在地震前，我是一个很活泼、很开朗、很大方的人。"阿翔一直没有从儿子去世的阴影中走出来，在儿子生日时，阿翔还特意带着蛋糕和一本记录着儿子成长的相册去曲山小学上香，他的儿子就埋在那片废墟之中。

后来，阿翔东挪西借在县城买了一套商品房，但除了房子外，他什么也没有了，连活下去的希望都没有了。一年后，阿翔在家自缢身亡。

虽然汶川地震已经过去了将近一年，但阿翔还是会觉得很痛苦，还不如一死解脱，这是许多受到严重心理创伤的人都会出现的心理。创伤经历会影响一个人的人际关系，因为受创者会丧失安全感和基本的信任感。没有了基本的信任感，人与人之间的交往几乎变得不可能，更别说建立起亲密的人际关系。受创者会害怕与人建立亲密关系，在人际交往上表现出退缩反应。

　　创伤经历还会使一个人产生负罪感，因为不论他如何努力都无法避免灾难的发生。如果在创伤经历中，受创者曾眼看着其他人在自己面前遭受痛苦或死亡，尤其是自己的亲人，这种负罪感会更加严重，因为自己侥幸逃过了一劫，却没有能力营救他人。在阿翔的心里，他一定对儿子的死充满了负罪感，他没有冒着生命危险去救儿子，没有尽力一搏。

　　对于一名参战军人来说，如果他眼睁睁地看着战友死亡而无能为力，那么他极有可能会出现创伤后应激障碍。对于一名从自然灾害中幸存下来的人来说，亲人的死亡会让他更加难以走出创伤经历。

　　受创者想要从创伤的阴影中走出来，就必须得学会与周围的人建立联系，从亲朋好友身上获得情感的支持，恢复人与人之间最基本的信任感，重新获得安全感。

　　积极互动是人际关系建立的基础，例如当你对一个人报以微笑时，会希望对方能接收到这个友好的信号，也对自己报以微笑，但如果对方一直对自己毫无回应，就会产生受挫感，接下来也就失去了建立友好关系的可能。这种情况在受创者的身上十分常见，他们基本不会回应对方的友好信号。因此受创者需要一个人耐心地陪伴在他的身边。

　　史蒂夫·格罗斯有一次去心理创伤治疗中心，他看到了许多有心理创伤经历的孩子，他们要么显得很愤怒、要么就是麻木。史蒂夫拿着一个排球去积极引导这些孩子与他一起游戏，史蒂夫先给了他们一个微笑，但那些孩子好像没看见史蒂夫的笑脸一样，根本不会回应。于是，史蒂夫就故意将球轻轻扔到一个孩子身边，史蒂夫走过去将球捡了起来，然后轻轻把球推向这个孩子，这个孩子会毫无兴致地推回去。史蒂夫并未放弃，他一直不停地轻轻将球推向这个孩子，好像在邀请他和自己玩球，过了一会儿，这个孩子终于有了反应，他开始回应史蒂夫。

虽然受创者在人际交往中会表现出退缩、回避等反应，但他们都渴望能与他人进行友好互动。此时安全的环境就显得尤为重要，受创者需要一个极富同情心的人陪伴在自己身边，他不会离开自己，会给自己以心理上的保护。由于在面对创伤事件时，受创者会产生一种感受，即人与人之间的联系很脆弱，随时可能被剥夺，因此他需要一种承诺，他再次建立的人际关系很牢固和安全，他不会再次体验被遗弃的感觉。

2001 年 9 月 11 日上午，美国有民航客机被恐怖分子劫持了，其中两架客机分别撞向了美国纽约世界贸易中心一号楼和二号楼，这两座建筑物在被撞击后相继倒塌，甚至还波及其他建筑物。还有一架客机撞向了美国华盛顿的国防部五角大楼，这里的情况没有纽约严重，五角大楼并未倒塌，只是局部结构受到损害。这便是著名的 9·11 恐怖袭击事件，也是美国本土发生的最严重的恐怖袭击事件，事件发生后不久美国各地的军队全部进入了最高戒备状态。除了军队外，幸存者的精神也进入了最高戒备状态。

9·11 事件发生时，正值上班时间。一名 5 岁儿童诺姆和他的小伙伴正在教室里玩耍，他们目睹了整个撞击的过程，他们是这场可怕灾难的见证者。诺姆的家人很幸运，他们都成功从世界贸易中心的大楼里逃了出来。

诺姆虽然经历了这场可怕的灾难，他也看到了许多人为了求生从楼上跳下来的场景，但诺姆很快从这段创伤经历中走了出来。因为他的家人都很安全，他所生活的环境是安全可信赖的，再加上他父母的正确引导，这段经历对诺姆来说虽然印象深刻，但并没有留下阴影。

诺姆画了一幅画，这幅画就是他看到 9·11 事件发生时的真实场景。但不同的是，诺姆还发挥想象力画了一张大蹦床，因为这样那些从楼上跳下来的人们就会安全地落到蹦床上。

汤姆也是9·11事件幸存的儿童，他的年龄与诺姆相仿，在撞击发生时他也正在教室玩耍。不同的是，汤姆是家中唯一的幸存者，他的父母和哥哥都在这场灾难中丧生了。后来汤姆被送到了祖父、祖母家中。

以前的汤姆是个无忧无虑的快乐男孩，但自从9·11事件后，汤姆开始变得麻木，就算祖父或祖母等亲人故意引导他，汤姆也毫无反应。汤姆每天最喜欢坐在那里堆积木，他会将积木堆成一座高楼的样子，然后手拿着一架飞机将高楼撞倒，这是他曾亲眼看到的场景。

诺姆和汤姆的遭遇表面上看起来是相同的，但汤姆家人的丧生就注定了这段创伤经历会成为他人生中挥之不去的阴影，因为他与周围的联系被这场灾难强制切断了，他无法从人际关系中体会到安全感和基本的信任感。但诺姆不一样，因为象征着他情感安全的家庭成员在这场灾难中完整地幸存下来。

第八章

性格与文化——人为赋予的差异

欧美文化十分强调一个人的独立性，个人主义非常盛行。在这种文化下长大的人，比较倾向于独立和依靠自己的努力获得成功。但反观亚洲文化，集体主义的色彩比较明显。在这种文化下长大的人，比较倾向于在与他人的合作中获得成功，因此特别强调谦虚和自我批评，很少进行自我肯定。

被狼养大的女孩——濡化

毛克利是一个印度樵夫的儿子，他在婴儿时期曾被父母带着去森林，正好遇到了老虎，毛克利的父母在惊恐之下将毛克利丢下逃走了。后来，毛克利意外被一头母狼收养，成了狼群中特殊的一员。

毛克利与狼之间的关系非常好，与他一起喝母狼奶长大的狼兄弟对毛克利十分忠诚，毛克利是所有生活在森林中的动物中最先使用火的，他从附近村子里取来了火种，并利用火帮助头狼平息了狼群的叛乱。

后来，毛克利被一位失去儿子的村妇收养。毛克利很快适应了人类社会的生活，还当上了放牧牛群的牧童。毛克利的人类生活被大反派老虎邪汉给搅和了，邪汉跟随着毛克利来到村庄附近，并准备伺机报复。毛克利得知邪汉的意图后，就与狼兄弟们商量了一个计策，将邪汉引诱到牛群之中，最终邪汉被牛群践踏而死。后来，毛克利得罪了村子里的一位巫师，村民们在巫师的蛊惑下用石子将他驱赶出了村子，毛克利最终回到了森林中。

这是鲁迪亚德·吉卜林的著作《丛林故事》中的一个故事。这个故事极具吸引力，许多人都很喜欢这个故事。这个故事似乎在告诉我们，一个人即使从未受过人类社会的熏陶，也能获得人类智慧。印度女孩卡玛拉的真实经历告诉我们，毛克利的故事只是故事，在现实中根本行不通。

1920 年 10 月，一位印度传教士辛格在印度加尔各答的丛林中意外发现了两个裸体女孩，其中一个女孩大约 8 岁，另一个女孩一岁半左右，她们虽然和人长得一样，却好像野兽一样，不会用双脚站立，只能四肢着地走路，好像爬行的动物一样。辛格将这两名女孩带到了人类社会，并给她们取了人类的名字，年龄大的叫卡玛拉，小的叫阿玛拉。

这两个女孩被送到了孤儿院，还被安排接受身体检查，她们的身体虽然很正常，但有些营养不良。她们的生活习惯与狼比较相似，除了四肢行走外，还昼伏夜出，白天睡觉，一到晚上就变得活泼起来。而且她们很害怕见到亮光，在太阳底下总是眯起眼睛，却能在黑夜里看清东西。每到晚上 10 点、1 点和 3 点时，她们就会发出尖锐的怪声，好像狼的嚎叫一样。因此人们断定，这两个女孩是被狼养大的，应该是在半岁左右时被母狼带走的。

虽然卡玛拉和阿玛拉与小说《丛林故事》中的毛克利一样都是被狼养大的，但她们在适应人类社会生活时却并不像毛克利那样顺畅。辛格花了很长时间才教会卡玛拉用膝盖走路。两年后，卡玛拉终于学会在有人扶着的情况下站立。虽然最后卡玛拉学会了直立行走，但走得很缓慢，她想走快或奔跑时，还会四肢并用。

阿玛拉十分依赖卡玛拉，她们总是像小狗一样互相依偎在一起，不愿意与其他人待在一起。在吃东西的时候，她们不会用手去拿，而是直接用嘴去吃。喝水时，她们也像狼一样用舌头去舔。她们的护食行为也与狼相似，当有人或动物靠近她们的食物时，她们就会发出"呜呜"的声音以示警告。

辛格为了让她们尽快适应人类社会，开始让她们按人的生活方式去生活，他会安排她们在白天晒太阳，当她们被太阳晒得很热的时候，就会张开嘴将舌头伸出来，像狗一样喘气。辛格还会安排她们穿衣服、洗澡和养成到厕所便溺的习惯，但她们并不配合，不穿衣服、不洗澡、随地大小便。一年后，阿玛拉死了，这对卡玛拉造成了十分严重的打击，她不仅流下了眼泪，还两天两夜不吃不喝。

随着时间的推移，卡玛拉渐渐开始适应人类社会，她会因为受到称赞而高兴，也会因为做不好某件事情而苦恼和哭泣，例如有一次卡玛拉怎么也解不开纽扣，她着急得哭了起来。后来，卡玛拉开始和孤儿院的其他人建立亲密的关系，她甚至能照顾年龄较小的儿童。

虽然卡玛拉学会了一些人类的生活习惯，但智力却没有赶上正常儿童的发育。卡玛拉 17 岁时死于伤寒热病，当时她的智力只有三四岁孩子的水平。不过卡玛拉的大脑结构却和同龄人没有太大的差别，不论是大脑的重量、容量，还是脑细胞间的神经纤维发育，都接近于正常儿童。

语言是人类社会的重要工具，也是人类所具有的独特之处。虽然辛格花费了很长时间教这两个完全不懂语言、发不出人类语言音节的女孩，但她们却没有真正学会说话，只学会了几十个单词，能用 3 个单词组成句子。

基因虽然会影响我们的性格特点，但社会文化的影响同样重要。卡玛拉的大脑虽然与普通人无异，但因为长期脱离人类社会，她的智力和大脑功能没有得到开发，不论如何努力她都无法像正常人一样适应并在人类社会中生存。不论我们的大脑再怎么发达，也需要社会文化的激活。

当一个人还是婴儿的时候，就会受到文化的影响，虽然这个时候人的生活范畴只局限在家庭中。婴儿的照料者主要是母亲，母亲的照顾方式会受到文化的影响。例如在倡导独立的现代社会里，母亲会倾向于让婴儿或儿童独自睡觉，大多数人从婴儿时期就有属于自己的房间和空间，在父母看来孩子的年龄不论多小，都是一个独立的个体；但在传统社会里，母亲经常陪伴婴儿或儿童睡觉，这样有利于夜间哺乳或照顾孩子。

当我们渐渐长大后，就需要学习自己所在社会的各种规则，其实这从我们还是儿童的时候就已经开始了。我们会被安排学习穿衣、吃饭、洗澡、定时排便等生活技能，到一定年龄后还会被送到学校接受教育。

道德观念是文化中十分重要的部分，父母在孩子很小的时候就开始给他们灌输了。一个五六岁的儿童就能拥有明确的是非判断，知道什么行为是正确的，什么行为是错误的。在正常家庭中长大的孩子，会因为父母的批评而产生愧疚，于是这种内疚感会让他渐渐学会自我控制，当他想做出某种错误行为的时候，能及时地停下来。

我们常常听说这样一句话："孩子是父母生命的延续。"这种延续不仅仅是生物遗传，更重要的还是文化传承。这种社会文化的代际传承被称之为濡化。任何一个群体或国家都有属于自己的文化，并将这种文化传递给下一代。一个人随着年龄的增长也会渐渐认同自己所身处的文化。

达加·麦斯顿是个白种人，长得很高，皮肤也很白，他来自美国，但他却觉得自己是个中国的藏族人。原来在麦斯顿5岁时，他的父母就把他丢在了西藏的一个修道院里，然后他们便去亚洲和欧洲旅游了。

麦斯顿在修道院里待了许多年，与其他西藏的孩子一样接受西藏喇嘛的教育。由于麦斯顿的外形与西藏孩子有很大的差异，经常独自一人待着，但他认为自己是个西藏人，他声称自己是"一个住在白种人身躯里的西藏人"。后来，麦斯顿尽管有机会回到美国，但他还是选择留在了西藏，并且与一位藏族女子结婚，他的性格与普通的西藏人没什么不同，他已经完全接受了西藏文化，并按照西藏人的生活方式去生活。

在相同文化下长大的人，他们的思维方式和行为具有惊人的相似性。麦斯顿的外表看起来与美国人无异，但他却无法融入美国人的生活中去，因为他的思维行为方式更像一个中国的藏族人，而不是美国人。在西藏，到处都有宗教活动的影子，宗教影响了大部分西藏人的价值观和行为。

　　当我们没有离开过自己所生活的群体或国家时，我们很少会注意到文化对人性格的影响，但当我们到了一个有文化差异的群体或国家时，我们会立刻注意到自己与其他人是不同的。例如一个中国人到美国去，他会十分强烈地意识到自己是个中国人，会时刻注意到自己与美国人的不同。

　　欧美文化十分强调一个人的独立性，个人主义非常盛行。在这种文化下长大的人，比较倾向于独立和依靠自己的努力获得成功。对于他们来说，应该尽早地与父母分离，然后开始依靠自己。不少文学作品和电影也都倾向于塑造一些依靠自己努力获得成功的人。但反观亚洲文化，集体主义的色彩比较明显。在这种文化下长大的人，比较倾向于在与他人的合作中获得成功，因此特别强调谦虚和自我批评，很少进行自我肯定。

为武力献上掌声——社会风俗

雅诺马马人生活在委内瑞拉，他们居无定所，当所在地的食物不再充裕时，他们就会搬家。雅诺马马人后来分成了两个部落，其中一个部落居住在低地，另一个部落居住在高地。

居住在高地的雅诺马马人很少会表现出攻击性，相对于战争，他们更喜欢和平，不会主动挑起战争，也不会参与群殴，在他们看来合作远比竞争更重要。

居住在低地的雅诺马马人则表现出极高的攻击性，在这里只用拳头说话，女人的地位很低，当丈夫不如意时就会对妻子拳脚相加。这里的男人随时准备着进入战斗状态，群殴和战争简直就是家常便饭。他们会通过武力来夺取食物和妻子，然后毫不犹豫地杀死敌人。如果一个男人表现出了胆小的行为，那么他接下来的人生将会在耻辱中度过。

当他们的食物消耗完了后，部落就会集结起所有的男性，然后去攻打附近村落。如果一个男人在战争中受伤了，那么他的伤疤将会成为他荣誉的象征，他还会将伤疤涂成红色。

一个人的攻击性行为与文化有着密切的关系。在有的文化中，人们倾向于诉诸武力，哪怕只是很小的矛盾，也要用拳头解决。而在有的文化中，人们的忍耐性会很高，只有在忍无可忍的情况下才会发起进攻。

每个人都很在意别人对自己的评价，当别人对自己做出积极评价时，我们会认为自己不错，就会变得很高兴，因为我们渴望得到他人的认同，尤其是所在群体的认同。用武力解决问题这种行为，在有的文化中会被赞扬，有的文化中却会禁止。于是，文化荣誉就出现了。不同文化的荣誉感是不同的，当一个人受到侮辱时，他会觉得自己的荣誉受到了挑战，于是很容易出现攻击性行为。

文化荣誉常常由经济生活方式所决定。在上述案例中，生活在低地的雅诺马马人获取食物的方式主要是抢，因此在这种经济生活方式的影响下，就很容易产生用武力得到和维护一切的荣誉感，当他觉得自己受到侮辱时，也很容易用武力的手段去解决。

在历史上，农耕民族的战斗力总是不如游牧民族。农耕民族的经济生活方式比较稳定，基本上是自给自足，因此用武力来获得荣誉并没那么重要。但游牧民族的经济生活方式却是逐水草而居，很不稳定，随时都面临着被抢走财物的危险，因此用武力守护财物，甚至用武力从他人那里抢来财物就变得尤为重要，他们的群体会称赞武力并发展出用武力维护荣誉感的文化。

在现代社会，农耕文明和游牧文明早已经成了历史，与我们的生活越来越远。但文化荣誉却保留了下来，例如在美国的南方人和北方人在面对侮辱时会有不同的表现，南方人更容易被激怒。美国是个移民国家，南方人在历史上曾是游牧民族，北方人在历史上曾是农耕民族。此外，南方的犯罪率也远远高于北方，不少人都会死在用武力捍卫荣誉的战斗之中。

在一项实验中，实验组织者请来了一些美国的北方人和美国的南方人进行参与。在实验开始后，实验组织者会安排一个人故意撞向参与者，然后对参与者出言不逊。在面对相同的情况时，南方参与者会产生强烈的被侮辱感，并且特别想使用武力维护自己的荣誉。而北方参与者则不同。此外，南方参与者的睾丸激素水平也比北方参与者高，更容易出现攻击性反应。

其实攻击性就隐藏在人的本能之中，每当一个人感到自己被冒犯时，就会觉得愤怒，并想诉诸武力。而文化的作用，就是唤醒或抑制人体内的攻击本能。如果一种文化倡导武力，那么一个人的攻击本能就会被唤醒。如果一种文化制止武力，那么一个人的攻击本能就会继续隐藏起来。例如欧洲自古风行的决斗。

俄国文学之父普希金就死于决斗。普希金的妻子娜塔丽娅是个美丽的女人，从来不乏追求者。1834年，娜塔丽娅有了一个新的追求者，是来俄国避难的法国贵族丹特士。丹特士不仅年轻英俊，还深受圣彼得堡上流社会贵族女人的喜爱。他看上娜塔丽娅后就开始公开追求她。

娜塔丽娅被丹特士的魅力深深吸引了，从开始的拒绝到答应约会。渐渐地，娜塔丽娅对普希金越来越冷淡，甚至拒绝普希金进她的房间。起初，普希金就无法忍受妻子被他人追求，这下普希金更加愤怒，于是决定与丹特士决斗。在这场决斗中，普希金受了重伤，不久后就去世了。

当用武力解决问题成为一种社会风俗后，那就说明这个群体对此是认同并称颂的，他们会对此报以掌声。一旦一种社会风俗被所有人称颂，那么这种风俗就会被认为是神圣的，参与其中的个体会倍感荣耀。

在印度某些地区盛行着一种仪式，这种仪式是从古代流传下来的，被称为"钩摆"。在一年的某些特定时期，某个社会族群就会选出一个人作为神力代表，这个人的使命是让自己挂在特定的钢钩上，然后到处游行，以保佑儿童和谷物的安全。

这是一种让外人看起来十分恐怖的仪式，因为神力代表必须赤裸上身，让钢钩深深地扎入自己的背部两侧。而且在游行的时候，神力代表还会不停地摇着，这就意味着钢钩会在他的背部不停地动来动去，从而增加疼痛感。在外人看来，被选为神力代表一定是件倒霉的事情，需要忍受很大的痛苦。但在当地人看来，这是一种荣誉。最关键的是，神力代表在仪式举行的过程中不会感觉到任何痛苦，反而会觉得很快乐。等仪式结束后，神力代表背部的钢钩会被取出来，然后有人在他的伤口上撒上一些柴灰。这种简陋的伤口处理方式在许多人看来也是不可思议的，有的人甚至认定伤口一定会发炎。但事实却是，所有神力代表的伤口在柴灰的作用下迅速地愈合，大约两个星期后，他的伤口就会痊愈，一点儿受伤的痕迹都没有。

　　该如何解释这种看起来十分神奇的现象呢？在钩摆仪式中，神力代表的背部虽然遭钢钩深深刺入，但他整个人的状态却是异常亢奋的，他会觉得这是一种荣耀，并为此感到自豪。这种荣誉感会让他忽视背部的疼痛，并产生一种类似强力镇痛剂的化学物质，这种化学物质与吗啡的作用类似，能让人减轻，甚至抵消掉疼痛感，并产生快乐的感受。在当地人看来，钩摆仪式是一种很神圣的风俗，是他们的荣誉。他们认为只要举行钩摆仪式，就能得到神的保佑。

倾向性训练——育儿方式

美国著名行为主义心理学家伯尔赫斯·弗雷德里克·斯金纳最初的梦想是成为一名作家，但没有成功。斯金纳是英国著名小说家威尔斯的粉丝，他经常阅读威尔斯的作品，斯金纳从威尔斯的作品中发现了行为主义。威尔斯表示，他曾反复思考这样一个问题，如果他站在码头上，手中只有唯一的一件救生衣，水中有两个人需要救，一个是他的好朋友爱尔兰著名文学家乔治·伯纳德·肖，他们有着相同的理念，都希望依靠经济和政治的方式从资本主义社会过渡到社会主义社会，而不是使用暴力手段。另一个人是俄国著名生理学家巴甫洛夫，他曾做过一项著名的条件反射实验，是行为主义流派的先驱。最终威尔斯做出决定，他会将救生衣扔给巴普洛夫。也就是说，威尔斯选择了行为主义。斯金纳也将毕生的精力都献给了行为主义。

提起斯金纳，人们就会想起他用鸽子做实验，从而提出了新的行为主义理论——操作性条件反射。斯金纳的理论一直备受争议，其中最大的争议要数斯金纳发明的育婴箱，最先使用这个特殊装置的人是斯金纳的女儿德博拉。

育婴箱里的空间很宽敞，还有许多玩具，此外育婴箱里的温度和湿度都得到了很好的控制，德博拉只需要穿着一块尿布就可以了，不用穿任何衣服，她可以任意地活动自己的四肢。斯金纳认为这样有利于德博拉锻炼肌肉。

斯金纳认为育婴箱不仅可以让孩子得到更好的照顾，还可以让父母从看护孩子的苦差事中解脱出来。斯金纳甚至希望能普及育婴箱，但却遭到了许多人的反对，他们认为斯金纳是个冷酷的科学家，用自己的女儿来证明自己的观点。育婴箱在反对者看来就是一个残暴的机械装置，根本无法满足人类的情感需求。有的反对者甚至散播谣言说，德博拉患上了神经衰弱、有过自杀行为，还控诉自己的父亲。但实际上斯金纳与德博拉的关系很亲密，德博拉也因此成了一个多才多艺的艺术家。

很明显，斯金纳的教育方式受到了行为主义思想的影响。后来斯金纳还写了一本小说《桃源二村》。在这本小说里，斯金纳创造了一个由操作条件性刺激形成的社会。在这个社会中生活的人们，从出生开始就会接受严格的训练，主要的方式就是积极强化，也就是奖励。于是他们会成长为具有合作精神和社交能力的人，所有的行为都会受到控制。这是斯金纳理想中的社会，也是一个被科学严格控制的社会。

不论是父母还是老师，他们在教育孩子的时候，都会按照自己的思维方式进行，而思维方式通常会受到文化的影响。在斯金纳之前，行为主义心理学的创始人约翰·华生就主张把行为主义研究方法应用到儿童教养上，他的思想在当时产生了重大影响，不单单是在心理学界。

直到如今不少人仍然使用华生、斯金纳的教育方式，例如通过奖励的方式来强化孩子的正确行为。在现代社会，许多人都倾向于使用鼓励式的育儿方式，认为这样有利于维护孩子的自尊。但在传统社会，育儿方式比较倾向于惩罚，例如"棍棒底下出孝子"就被绝大多数父母奉为金科玉律。

文化与育儿方式、性格发展之间的关系十分密切。当社会文化比较偏向于某种性格特点时，父母、老师就会鼓励这种性格特点，从而使与之相反的性格特点倍受冷落。例如在亚洲集体主义文化中，有谦虚、合作性格特点的人更受欢迎，强调个性、竞争的性格特点就会被压制。

在商业社会中，独立性变得重要起来，因此从一个人生下来不久，他的父母就开始训练他独立，例如在婴儿还需要喂食的时候，父母就急着要孩子学会自己吃饭。如果一个人表现出了个人意志和独断力等特点，那么他就会受到鼓励。

美国就是一个十分强调独立性的国家，不论是在家庭还是在学校，竞争和胜利都会受到重视。美国的文化鼓励所有人，让他们相信只要自己努力，就能得到想要的一切。在这种文化的影响下，人们倾向于给自己设置极端的目标，例如获得名声、财富、荣耀以及辉煌的个人成就。这些极端的目标其实就是不现实的梦想，如果人们总是尝试去实现根本不可能实现的梦想，那么就有可能产生抑郁症。这也是美国抑郁症大范围蔓延的原因所在。

密歇根大学心理学家伦道夫·奈斯对抑郁症提出了不同的看法。奈斯认为抑郁症其实也是人的本能之一，是在进化过程中获得的。也就是说，抑郁症存在于我们的基因库里，随时可能被唤醒。

人们总是倾向于盲目乐观，例如当多数夫妇结婚的时候都认为他们一定会白头偕老，认为自己将来离婚的可能性是零。当人们看到有人遭受灾难的新闻后，都会认为自己比别人好运，灾难更可能发生在别人身上而不是自己身上。再比如，尽管明文规定禁止酒驾，但还是有许多人酒驾，这些人在酒驾的时候不仅对自己的驾驶技术十分乐观，认为醉酒不会影响自己的驾驶技术，甚至认为自己不会那么倒霉被交警发现。

盲目乐观虽然可以增强我们的幸福感，如果一个人相信自己将来一定会更加幸福，那么他就很容易变得快乐起来，也可以帮助他缓解焦虑的心态。但盲目乐观却存在一定的弊端，会使人们看不清现实，从而对自身能力产生过于自信的幻想。例如一个人在赌博时，那些盲目乐观的人更容易坚持下来，也更容易输得倾家荡产。

人本来就很容易盲目乐观，在盲目乐观的影响下，人们很容易将时间、精力、资源都浪费在错误的目标上。因此人体基因库中的抑郁因子就会起作用，人们会出现轻度抑郁，这种抑郁具有一定进化上的优势，会让人们的神经系统切换成低能量的状态，不再追求不现实的目标，从而保留精力和资源，为新的目标做准备。

在美国所倡导的依靠个人努力获得成功的文化下，人们就很容易为自己制定不可能实现的梦想，不会关心自己是否有能力实现这个目标。于是当努力了很久都没有实现时，这个极端的梦想就不再让人乐观，会使人产生这样一种错觉，就算自己努力了也不会成功。于是抑郁症会变得越来越严重，因为一直追求遥不可及的目标会使人的生理机制超载，会从轻度抑郁转变成重度抑郁。

特定文化下的育儿方式还会影响人的性别特征的发展。人的性格具有性别差异，例如我们常常认为女性比男性更加会照顾他人、更加亲和。如果一个人有一个女儿，那么他就会给她买布娃娃、粉红色的衣服和服饰等女性化的用品；如果是儿子的话，就会给他买汽车、机器人类的男性化的玩具。

在传统社会中，有男主外女主内的说法，女性会花大量的时间在家里，例如准备食物、做家务和照料孩子；而男性会花大量的时间在户外。于是育儿方式在对待男女的时候就会有不同的表现。如果是个女孩，那么她就会被要求在家里料理一切，例如帮助母亲照顾弟弟妹妹；如果是个男孩，那么他就会被安排到家庭以外的世界接受教育。这样很容易出现两性不平等，男性会成为疏远而具有控制性的角色。不同的育儿方式会影响一个人成年后的性格，如果一个人从小在男女不平等的社会中长大，例如在传统社会，那么两性之间的隔阂就会越来越大，女性会被养育成贤妻良母，男性则与家庭越来越疏远。

如果是在男女平等的社会中，男性和女性会共同承担照顾孩子的责任，也就是说孩子不总是与母亲待在一起。例如在以游猎采集为生的朱瓦西人那里，父亲在狩猎的时候，孩子由母亲照顾；当母亲外出采集食物时，父亲就会承担起照顾孩子的责任。在这个部落里，男性不再具有支配性，女性可以像男性一样精力充沛而且独立。

　　一个人在男女平等的氛围下长大，他的性格通常能得到自由发展，不会出现对权威的盲从。对于他们来说，男性和女性要承担起共同的责任，男性可以出现女性化的行为，女性也可以表现出男性化的行为。

圣人还是神经病——自我认同

威廉森出生于美国，他是个双性人，也就是我们通常所说的阴阳同体。威廉森的父母没有为他的出生而庆祝，因为他们信仰基督教，双性人对他们来说是一个错误，并且是不祥的，是撒旦的诅咒，他们甚至不知道该给威廉森取个什么名字，是按照女孩的名字取，还是按照男孩的？

对于威廉森双性人的性征，他的父母很排斥，父亲看不起他，母亲对他也总是疏远和厌恶。威廉森的父母甚至不知道该拿什么态度去对待威廉森，因为他们不知道威廉森到底是男孩还是女孩，他们不知道该用男孩的标准还是用女孩的标准去要求威廉森。在威廉森成长的过程中，会被父母带到教堂去参加一些宗教仪式，这是让威廉森最难堪和痛苦的时刻。因为父母这么做，只是为了让神父驱除威廉森体内的恶魔，他们相信正是因为恶魔附身，威廉森才会从一出生就变得不男不女。有时候，神父会给威廉森一张纸巾，让威廉森把恶魔咳出来。从记事起，威廉森就知道自己是被上帝所遗弃的，而双性人的生理特征就是上帝对他的惩罚。

不过，威廉森也有快乐的时候，那是他在祖母身边度过的一段美好时光。威廉森的祖母是美国土著，她信仰的不是基督教。在祖母看来，威廉森的双性人特征是神灵赐予的福佑，而不是诅咒。祖母还告诉威廉森，双性人意味着神灵赋予了他一个独特的使命，他将来一定会做一些重要的事情，而且威廉森还能获得一种非凡的力量，这种力量既有女性的优点，也有男性的优点。这些话让威廉森十分快乐，他也相信自己生而不凡，是被神灵眷顾的幸运儿。

当威廉森回到自己家时，他总会觉得恐惧和痛苦，他最喜欢待在祖母家里。而祖母也曾向他的母亲要求，希望威廉森能在自己身边长大。虽然威廉森的父母并未同意祖母的要求，但允许威廉森可以经常到祖母家中居住。每当威廉森觉得痛苦不堪的时候，就会到祖母家里，那样他的痛苦和恐惧就会有所缓解。

威廉森就在这样矛盾的环境中长大，他所接受的信息是双重的。每当威廉森想到基督教义时，他就会产生害怕和自我厌弃的感受；每当想到祖母的教诲时，他就会觉得自己是个幸运儿，是被神眷顾的孩子。

性别对一个人的发展十分重要，当每一个人出生的时候，绝大多数亲友都会问这样一个问题："男孩还是女孩？"在教养的过程中，父母会采取完全不同的教育方式，会对女儿或儿子产生完全不同的期待。

当一个人还是婴儿的时候，就会产生性别意识，将人分为男人和女人两种。随着年龄的增长，儿童开始倾向于与同性在一起游戏，他们会按照性别要求去穿衣、选择玩具等。可是世界上不仅有男人和女人，当基因发生错乱时，会出现双性人。

在大多数的文化中，双性人是不被认可的，是怪胎一样的存在。可是双性人虽然反常，却并不罕见，据统计，全世界有将近七千万双性人。双性人的父母会很痛苦，他们或许会将这种痛苦发泄到孩子身上，例如上述案例中的威廉森，他从来没有得到父母的关心和爱护。有的父母为了防止孩子被所处的文化排斥，会提前为孩子做出决定，将孩子按照男孩或女孩抚养，还会给孩子做性别重造手术和激素治疗。这样做会给一些双性人带来困扰，成为他们自主决定性别的障碍。例如如果一个双性人从小被当成男孩抚养，还做了手术，并且一直坚持激素治疗，但他内心深处却一直认为自己是个女孩。

在有的文化中，双性人不仅不会遭到歧视，还会受到高度的重视，例如大多数南美印第安人认为双性人拥有两个灵魂。能够生活在这种文化中的双性人是幸运的，因为他们是被认可的。

阿马尔·可杰是个印度人，同时还是个苦行僧，从 1973 年起，他就将自己的右臂举在空中不肯放下，至 2011 年已坚持了 38 年。现如今，阿马尔德右臂已经定型在右肩上，他的右臂已经废了，和一段无用的假肢一样。但他却因此而成名，成了印度人心中湿婆（印度教三大神之一，毁灭神）的象征。

在印度有一种十分流行的修行方式，即成为苦行僧。在印度教看来，一个人最好的去处就是天堂，因为在天堂能够得到神灵的关照，可是人需要通过多次轮回才能进入天堂，不过也有捷径，比如成为一名苦行僧。

苦行僧顾名思义就是与一切享受作对，常人觉得痛苦的事都是苦行僧需要去体验的，例如长时间断食断水、躺在布满钉子的床上、行走在火热的木炭上，等等。苦行僧必须杜绝所有享乐的欲望，这需要极大的忍耐力。

苦行僧常常蓬头垢面、衣衫褴褛，还带着象征湿婆神的三叉杖，边走边吟诵古经文。有的苦行僧还会全裸或半裸，他们会将灰涂在身上、脸上和头发上，他们会用人的头骨来吃东西和喝水。这些苦行僧认为只有虐待自己才能使精神脱离肉体，这样才能达到修炼的目的。

试想一下，如果有一个印度教苦行僧走在大街上，他全裸着身体，身上到处都是灰，还拿着一个人类头骨做的饭碗。那么这个人一定会被人们认为是神经病，脑袋不正常。但在印度，特别是信仰印度教的人心里，这些苦行僧是圣人般的存在，他们会崇拜甚至敬畏他。如果有的苦行僧已经修炼到家，即肉身还在人世的时候，灵魂就已经到了天堂，那么他就会被看成如同活菩萨一般的存在。

对于苦行僧来说，他们的种种行为举止都是被所处文化认同的，他们有自我认同感，认为自己的所作所为都是有价值的。而在其他的文化中，苦行僧是不被认同的，因此苦行僧会被看成是疯子，而不是圣人。

重温生命的热度——狂欢与文化

克洛德·弗洛罗是小说《巴黎圣母院》中的一个反派人物，他是巴黎圣母院的副主教，他一直奉行着宗教禁欲主义，觉得人世间的享乐是违背宗教教义的，长久的禁欲使克洛德的灵魂扭曲了。一天，克洛德看到了一个美丽的少女，这名少女便是艾丝美拉达，她是个吉卜赛少女，正在圣母院前面的格莱夫广场上跳舞卖艺，她还带着自己的宠物，一只羊角和羊蹄被涂成金色的小羊。许多人都被艾丝美拉达的美貌所吸引，包括克洛德在内。

克洛德一下子就爱上了艾丝美拉达，他决定要得到她。克洛德有一个丑陋的养子卡西莫多，卡西莫多的相貌丑陋到了极点，凡是见到他的人都会觉得恐惧，正因如此卡西莫多才会被遗弃在圣母院门前，并被克洛德收养。克洛德安排卡西莫多趁着夜色劫走艾丝美拉达。

所幸，艾丝美拉达被巡逻的弓箭队队长弗比斯给救了，她也因此爱上了英俊的弗比斯。第二天，卡西莫多因为劫持的罪名被绑在广场上示众，当时天气十分炎热，卡西莫多口渴难耐，但是没有一个人给他送水，周围都是嘲笑和辱骂他的观众，最后是艾丝美拉达不计前嫌将水送到他的嘴里。

克洛德并没有因此放弃，他趁着艾丝美拉达与弗比斯在夜晚约会时，刺伤了弗比斯，并将罪名安在艾丝美拉达的身上，最终艾丝美拉达被当成女巫抓了起来，并被判处死刑。在快要被处死的时候，艾丝美拉达被卡西莫多救走，卡西莫多将艾丝美拉达带到了圣母院的钟楼上，这里不被世俗法律所管辖。

后来，克洛德将艾丝美拉达哄骗出了圣母院，并且逼迫艾丝美拉达顺从自己。在遭到她的拒绝后，克洛德恼羞成怒，就将艾丝美拉达交给隐修女看管，自己去叫警察。

这名隐修女曾是一名妓女，她在 16 年前生下了一个美丽可爱的女儿，她将所有的希望都寄托在了女儿身上，甚至还去找吉卜赛人给女儿算卦。算卦后不久，隐修女的女儿就不见了，有人抱走了她的女儿，并留下了一个丑陋的男婴，这个男婴就是卡西莫多。受不了打击的隐修女就选择了隐修，希望能在有生之年看到自己的女儿，她觉得是吉卜赛人偷走了自己的女儿，因此十分憎恨吉卜赛人，当克洛德让她看管艾丝美拉达时，隐修女想都没想就答应了。

艾丝美拉达的脖子上戴着一个香囊，香囊里是一只女婴的小鞋，隐修女认得这只小鞋，这是她女儿的鞋，这时隐修女才知道面前的这个美丽的吉卜赛少女就是她日思夜想的女儿。很快，克洛德就叫来了警察。隐修女抓着女儿不让她被警察带走，但最后被警察推倒撞死了。

艾丝美拉达被带走了，等待她的将是绞刑。当艾丝美拉达被吊上绞架时，克洛德正站在圣母院的顶楼上，看到艾丝美拉达被处死后，他狂妄地大笑起来。

17 世纪，从英格兰开始，欧洲许多国家都出现了一种被称为忧郁的流行病，在发病时，不少人都会长时间陷入无精打采的状态之中，有时还会伴随着惊恐。这些人与《巴黎圣母院》中的克洛德一样，被宗教思想禁锢着，长时间生活在禁欲的状态下，生活中基本上没有娱乐。

在宗教的影响下，许多人都会觉得追求快乐是一种罪过，因为宗教的本质就是禁欲，任何放纵行为，哪怕只是一点儿放纵，即使是无伤大雅的娱乐，也是要被禁止的。在这种思想的影响下，人们很容易变得忧郁起来，生活好像变得没有了希望，生命也就变成了一种负担。

在当时，凡是深受宗教影响的欧洲人都杜绝狂欢现象的出现，在他们看来狂欢是一种堕落的象征，狂欢中跳舞、尖叫和唱歌的人都像一群魔鬼。但事实上，狂欢中的人们却很快乐，他们在肆意释放着自己。其实狂欢也是人的需求之一，在远古时代，人们会通过狂欢的形式来巩固社会关系。

在美洲，一些土著部落依旧保留着狂欢的仪式。在仪式开始后，所有的人都会开始跳舞，他们的肢体动作在外人看来是那么奇怪，既疯狂又野蛮，但他们却很热情。而17世纪的欧洲之所以会出现忧郁这样的流行病，之所以会出现像《巴黎圣母院》中克洛德这样道貌岸然的副主教，就是因为他们的宗教文化是不允许狂欢存在的。由于宗教强调禁欲和禁止享乐，但人却本能地希望生活中有娱乐的存在，于是这种文化与本能之间的矛盾就带来了许多心理疾病，也会使人的性格扭曲，例如19世纪末维也纳中上层阶级女性出现的神经病症——歇斯底里症。

在现代社会，狂欢的需求依旧广泛存在，它能使人重温生命的热度，已然成为一种文化，例如20世纪50年代末到60年代初美国出现的摇滚革命。在当时，许多年轻人都聚集在一起唱歌和跳舞，一些摇滚团体会在戏院和音乐厅表演，还因此招来了警察。

在许多年龄较大的白种人看来，这些年轻人的行为实在太疯狂了，甚至有些歇斯底里。有的摇滚歌手在表演时，还会出现大量具有性暗示意味的动作，例如猫王埃尔维斯·普雷斯利，他在表演的时候很少会安安静静，通常都是又跳又唱，有些剧场在播放猫王的表演时，会故意将他下半身的画面给剪掉。

现如今，摇滚所带来的狂欢早已经被金钱所腐蚀。但狂欢文化依旧没有消失，它开始以其他的形式出现，例如观看球赛，特别是足球赛。对于球迷们来说，能到现场观看一场足球赛是最过瘾的。在现场，球迷们可以无拘无束地释放平常被压抑的情绪，可以大声喊叫，也可以从椅子上跳起来。球迷们之间的感染力丝毫不逊于摇滚音乐，人们会进入集体兴奋的状态之中。